福沢諭吉の原風景

——父と母・儒学と中津

谷口典子 著

咸臨丸　幕府がオランダに発注して造った木造蒸気船。25歳の諭吉は初めてアメリカに渡った。

イラスト・西川寛子

序

福沢諭吉はたくさんの著書を残している。もちろんその中で一番有名なのは『学問のすゝめ』であろう。しかし、この書がいかに啓蒙思想としてすばらしく、諭吉が言いたいことが述べられているものであっても、そこからだけでは諭吉が最も言いたかったことの真髄は伝わりにくい。『福翁自伝』を読み、「中津留別の書」を解したとき、はじめて諭吉の本意が理解できたような気がした。そこでこれらをもとに、諭吉の原風景とはいかなるものか、について大きな関心をもった。

諭吉は天保五年（一八三五）に大坂の中津藩蔵屋敷で生まれた。父は十三石二人扶持の下士であったが、諭吉が一歳六ヶ月のとき急死した。そのため、母子六人で中津に帰郷した。それから少年期、青年期を中津で過ごすことになるのであるが、そこでの生活が諭吉の一生涯を左右した原風景ともなった。そこにあった風景とは、諭吉の父が「下士」であったということと、儒学者であったということであった。

諭吉は明治も一〇年となり、すでに四〇歳を過ぎたとき、「旧藩情」という書を出した。そこでは十三石二人扶持という身分がいかなるものであるか、「下士」と「上士」との違いはどのようなものであったかについて、切々と訴えている。幼少期に受けた身分制からの傷は、新時代に入っても癒えることはなかった。そして儒学者としての父への敬慕の念と、封建制のもと、うかばれることのなかった門閥制度への恨みも大なるものがあった。

諭吉は故郷・中津での屈辱的な少年時代を一生涯忘れることはなかった。そして、同じ年に生まれた中津藩江戸家老の奥平外記とのライバル意識も、一生涯もち続けてきたといえる。旧宅の土蔵の二階の屋根裏部屋で学び続けた諭吉が、その間、下級武士として上級武士に差別された憤慨をエネルギーとし、それを爆発させたものが、諭吉を最も有名にした著『学問のすゝめ』であった。人間平等を高らかに訴えたこの書は、諭吉自身の肌身から出た悲痛な訴えでもあった。

諭吉自身は、一歳六ヶ月で死別した父（儒学者）の遺徳を母より毎日のごとく聞かされ、一四歳になったとき、儒学者白石照山の塾に入り、みっちり儒学の勉強をした。亀井南冥と荻生徂徠に傾倒しており、師の白石照山は野本白巌や帆足万里にも通じた陽明学者、朱子学者であった。さらに諭吉の祖父の兵左衛門は三浦梅園に師事していたという。このように、諭吉の青年期は儒学的環境の中にどっぷりとつかっていたのである。

その後、一九歳のとき、兄三之助のすすめもあり、蘭学を志して長崎に遊学、翌年には大坂の緒方洪庵の適塾に入った。蘭学を習得した後には、中津藩の蘭学教師として奥平家の中屋敷に蘭学塾を開いたが、翌年、横浜見物に行った折、オランダ語がまったく通じないことに愕然とし、英語を独学しはじめた。英語の習得を可能とさせたものは、これまでのオランダ語であった。オランダ語は決して無駄にはならず、英語を習得する上で、大きな礎となっていた。

かつて諭吉は一四、五歳になってはじめて本格的に儒学を学びだしたことを恥じていた。しかし、その時にも諭吉がとった勉学態度は基本に徹することだった。『春秋左氏伝』（春秋時代の魯の国・孔子の生まれた国の年代記で、群雄の行動を生き生きと描いたもの）などは一一回も読み返したという。そして一つのことが分かれば、さまざまなことが芋づる式に分かってきたという。そしてそれは、諭吉の歴史、特に国家の興亡に対する強い関心ともなっていった。

二五歳の時には、従者として咸臨丸で渡米、実物のアメリカを見て、日本との圧倒的な差を見せつけられた。帰朝後、諭吉は英語の書物をむさぼるように読み、和訳をしていった。そのとき、エコノミーという英語を「経済」と訳したのも諭吉であるが、それは儒学の「経世済民」からきたもので、漢学的素養がなければできないものであった。

諭吉は文明開化の筆頭者のようにいわれているが、漢学の素養といい、武士の魂といい、単なる洋学かぶれではなかった。諭吉は詩や書を多く残しており、その中に「得村正刀銘有長曽我部盛親帯之八字」という七言絶句がある。大坂夏の陣で敗れ、六条河原で斬られた土佐の長曽我部盛親が帯びた刀を得た時、感激をして詠んだものである。ここでは諭吉のもつ「魂」がよく示されている。

諭吉は常に理想と現実との緊張の中で思索し、発言をしてきた。それが、諭吉が言うことは常に「変わる」ということだけが変わらない、ということにつながるのではないだろうか。そしてそれはまた、時にアンビバレントともいえる言説となった。しかし、その底にあったものはあくまでも「日本人としての自覚と独立心」であり、それは世界に目を向け、日本を見ることができた諭吉だったからこそ、日本人を意識し、また、独立心への希求となったのではないだろうか。欧米列強諸国をつぶさに見てきた諭吉だったからこそ、日本国に対する危機意識も強烈なものがあったのであろう。『学問のすゝめ』で強く訴えているのは、国家の独立を維持する上で、どうしても必要とされた個人の自立的精神の涵養であった。

諭吉はまた、「一家は習慣の学校なり。父母は習慣の教師なり」とも言っている。そして「家の美風その箇条はさまざまなる中にも、最も大切なるは家族団欒……」といい、父母および家族のいかに大切なものかを述べている。家族を支えた中津は諭吉にとって「汝を恨み、汝を愛す」ところであった。

「人は二〇歳前後までを過ごした村、町がその人間の土台をつくる」と言われる。それは諭吉においてもあてはまった。あのすさまじいばかりのエネルギーはやはりそこにあった。父と母とを愛した諭吉は、国をも愛した。そこに加えて欧米の「文明」を目の当たりにした。そしてそこから日本を見た。これが諭吉の原風景だったのではないだろうか。

ただし、原風景が諭吉にいかに文明開化をせまろうと、それを可能とさせるには、やはり基礎的条件が必要であった。それが、三〇〇年近い徳川の世がつくり上げてきた遺産、特に徳川末期に醸成されていた近代への足音であった。それらを足がかりに啓蒙思想は人々に受け入れられていった。すなわち、日本の近代化は多くの漢学的素養をもとにした「普遍化」への努力ではなかったろうか。そこで、本書ではⅠ部として論吉の原風景に、Ⅱ部としては徳川からの遺産にせまってみた。

福沢諭吉の原風景——父と母・儒学と中津／目次

Ⅱ 徳川からの遺産

装幀　比賀祐介

I

福沢諭吉の原風景

中津の福沢家旧宅　ここの八畳間で「留別の書」が書かれた。

一　「人誰か故郷を思わざらん」

一　福沢諭吉と「中津」

諭吉の数多い著作物の中で、「中津留別《りゅうべつ》の書」には深い感慨の念をもった。それはリアリスト、実学者、啓蒙思想家としての諭吉の姿からは想像できない文に遭遇したからであった。それはその書の最後で述べられている「人誰か故郷を思わざらん」に代表されるものであった。

あれほど憎んでいるはずの「中津」を去る（中津を引き払って江戸に出る）にあたって、このような文章で最後をしめくくるとは想定できなかった。しかしそこからは、これまで常に諭吉の中にみえていた「アンビバレント」なるもの（儒学的なものと洋学的なものとの相克）がみえてきた。

諭吉は明治三（一八七〇）年、一一月二七日の夜、中津の留主居町の旧宅で、一夜をかけて「中津留別の書」を書き上げ、最後に「人誰か故郷を思わざらん」と述べた。(1) そして最後尾では「……西洋書中の大意を記し、他日諸君の考案にのこすのみ」(2)と結んでいる。これこそが、諭吉がこれから啓蒙思想家として出発しようとした原点だったのではないだろうか。そこでは「誰か旧人の幸福を祈らざる者あらん」(3)とも述べている。この後、諭吉は精力的にそのための活動をはじめたといえるのである。

しかし諭吉のふるさと「中津」は、諭吉が『福翁自伝』の中で述べているように「親の敵《かたき》でござる」(4)であり、「唾して」(5)去ったところでもある。このアンビバレントともいえる感情は、太宰治が故郷の津軽に対して「汝を愛し、汝を憎む」といったものと同じものではなかったろうか。この、太宰の言った「汝」を中津におきかえてみたならば、諭吉の言った中津における門閥制度への憎しみにも近い反発と、それをくつがえそうとする新しい価値観創造へのすさまじいエネルギー。それはあたかも太宰のその後の生き方と文学とを想定するほどのものだったのではないだろうか。

諭吉は故郷「中津」を愛し、憎んだ。それが諭吉の精神的基底をつくりあげた儒学的精神と、その後の啓蒙思想というかたちで、それらへの反発となったのではないだろうか。人はそれほど幼少時における環境が、アイデンティティーの形成に大きく影響を与えているということなのだろう。諭吉は蘭学を学ぶために大坂へ出るまで、その青年期（一九歳）までを中津ですごし、早逝した（諭吉一歳半の頃の）父親に強い思慕をもつと同時に、その思想、学問にも心をよせてきた。その学問とは漢学・儒学であり、諭吉自身、父親のことを「真実正銘の漢儒であった」[6]と言っている。

諭吉の儒学に関する教養も半端なものではなく、儒学者といわれるにはあと一歩というところまでいっていた。敬慕していたまぶたの父百助のつくり上げた家風のもと、幼い頃より儒学的教養はしっかりと身につけてきた。そして一四歳になってからは儒学者白石照山の塾に入り、さらにみっちりと学んできた。一九歳で蘭学を志して長崎に遊学するまでの多感な青年期（自己を確立する時期）を儒学的教養で培われてきたということは、諭吉のその後にとって大きな意義があったといえる。

翌年二〇歳にして大坂の緒方洪庵のもと適塾にて猛勉強に励み、その三年後には中津藩の蘭学教師として江戸に上った。こうして西洋の語学力と知識とをたくわえた諭吉は、万延元年（一八六〇）二五歳で渡米使節の従僕として「咸臨丸」に乗り込むこととなった。以後、二七歳で遣欧使節随員としてヨーロッパ諸国を歴訪、青年期の大いなる感性と旺盛なる関心をもって見聞を広めてきた。それらは『西洋事情』となり、『文明論之概略』、『学問のすゝめ』などとなり、世界と隔絶されていた日本人を啓蒙していったのである。

二七歳で中津に帰った諭吉は、小幡篤次郎他の中津藩の子弟を伴って帰京し、幕府の翻訳方となった。三二歳のときには幕府の軍艦受取委員随員として再び渡米。三五歳のとき中津を完全に引き払い、母を伴って帰京するために一時中津に帰ったとき、故郷をあとにするにあたって書かれたものが「中津留別の書」であった。そして翌年には中津市学校の開設に尽力し、校長に小幡篤次郎を派遣しているのである。そしてその翌年（明治五年）に書かれたのが諭吉三七歳のときの『学問のすゝめ』（初編）であった。

二　諭吉の原点としての「中津」

諭吉が生まれた幕末は封建制度のもと、身分制がしっかりしており、特に中津においてはそれは強固なものであった。一歳半で死別した父の百助に対しては、くり返し聞かされた母の言葉から、非常に立派な、学問をよくした人格者であったという敬慕の思いをもっていた。そうした父が世に受け入れられることなく、身分制のもと下役人として志半ばで逝ってしまったことに対しては強い憤りをもっていた。それは「中津」

という風土と封建制に対する怒りでもあった。

下級武士の家としての扱い、その子としての扱いに、幼少の頃から、そして青年期にかけて、うかばれなかった父親の一生とともに、中津への、封建的身分制度への「恨み」をもっていた。それが中津を去るにあたって「唾して」というほどの強烈な言葉として『福翁自伝』に残されている。しかしまた、中津を去るにあたっては先にみたように「人誰か故郷を思わざらん」という、故郷中津に対する強い思慕の念もうたっている。

この故郷に対する強い愛と憎しみとは、諭吉の封建制（身分制）への強い憎しみとともに、故郷への絶ちがたい、体の内よりわき出てくる理屈なしの愛、それがひいては愛国の情ともなり、風雲急を告げる幕末において、そして新しい明治の世において、諭吉を啓蒙思想家といわせるまでにしたのではないだろうか。諭吉の代表作『学問のすゝめ』は、故郷中津を深層においては強く愛していたように、そしてそれゆえに中津を去るにあたって郷里の人々に、これからの世に対する思いを切々と語っている（啓蒙している）ように、『学問のすゝめ』では、それがさらに国を思う愛国心にまで高められていったのではないだろうか。

いかにして日本国を列強の属国としないでおくか、それが諭吉の最大の願いであり、目的であった。それには国民の目を開かせ、日本のおかれている状況をよく知ってもらい、そこに向かうためには身分制という陋習《ろうしゅう》を打破して、個人の努力（学問をもとにした）によって独立した力をもたなければならない。それが啓蒙思想家といわれる諭吉の原点であり、親への愛、故郷への愛、国家への愛へと通じるものであった。逆に言うならば、それは封建制（身分制）への憎しみ、それを強固に守りとおしてきた中津への憎しみでもあった。

「天ハ人ノ上ニ人ヲ造ラズ人ノ下ニ人ヲ造ラズト云ヘリ」[7]はあまりにも有名であるが、これはアメリカ合衆国の独立宣言の中の言葉でもある。しかしこれには次の重要な文言が加えられている。「サレドモ今広クコノ人間世界ヲ見渡スニ、カシコキ人アリ、オロカナル人アリ、貧シキモアリ、富メルモアリ、貴人モアリ、下人モアリテ、ソノ有様雲ト泥トノ相違アルニ似タルハ何ゾヤ」[8]と。はじめから（生まれながらに）人は貴賤の上下はないけれど、学問を勤めて物事をよく知るものは富人となり、貴人となると述べ、学問によって日本国民の行くべき道を指し示そうとした。それは当時、攘夷が蔓延していた中、国民に自国の現状と状況とをよく見すえる目（知識）をもってもらいたいという強い思いがあったからだといえよう。

諭吉はその学問とは何かと問うたとき、それはまず日常的に利用価値のある、読み書き、計算、基本的な道徳などの「実学」であるとしている。それは国民に対し、日本がおかれている状況を把握できる最低限の知識、学問を得てほしいという願望でもあった。すなわち「文明」を得てほしいという諭吉の願いでもあった。文明の役に立つもの、それが諭吉にとっての学問であった。

したがって儒学者や朱子学者がいうような難しい字句のある漢文や古文を学ぶよりは、まず、「文明」社会にいたらしめるための基本を学んでほしいということであって、儒学そのものの否定ではなかった。諭吉はこの後、啓蒙思想家として儒学のある部分については強力に批判をしているが、それのもつ基本的な部分に対しては大きく評価しているのである。それは、諭吉が得た教養のほとんどは一九歳までの多感なときの「儒学」であり、敬慕してやまない父百助も「真実正銘」の儒学者であったといっており、それを誇りとしていたし、それが、育てられてきた家のすべて（家風）であったといっていることからもうなずける。

父親への敬意と愛、それを受け入れなかった封建制（身分制）と中津への憎しみ、そして断ちがたい郷里への思いと、ひいては国家への愛。それらは「文明」への希求となり、諭吉を啓蒙思想家へと駆り立てていった。それが「中津留別の書」での「人誰か故郷を思わざらん」ではないだろうか。中津の人々に、そしてその地に「唾する」思いと、その地の人々を思う気持ち（いかにして「文明」へと導くかという）との相克は、以後諭吉の内にアンビバレントな感情として、その著作（思想）の内に多々表れてくるのである。

三　諭吉にとっての「文明」

江藤淳は「明治ほど国際的な時代はなかった」と語ったが、それに対応する上で福沢諭吉ほどのリアリストは明治の時代、他にはいなかったのではないだろうか。先にみた諭吉の内なるアンビバレントな感情は、開国をしたばかりの弱小な日本が、せまり来る列強に対してどのように抗していったらよいのか。当時の国際的な与件の中で諭吉がたどりついたものは「文明の精神」だったのである。従来の漢学に養われた老成の識者に向かっても、文明の何たるかを説き、かれらを新文明の味方につける考えで筆をとった、と諭吉自身が語っている。

その文明とは何たるか、というと「それは人の身を安楽にし、心を高尚にする」ことだと『文明論之概略』の中で述べている。これを得しめるものが智徳であるといい、文明とは結局智徳の進歩であるが、個人の智徳ではなく、国民一般にいきわたった智徳全量の進歩だといっているのである。ただここで諭吉は、世人は往々にして徳のほうを重視する誤りをおかしているとして、智の進歩を力説しているのである。

当然、徳を否定するものではないが、徳はキリスト教であれ孔子の教えであれ、その教えは今も昔も同じであり、進歩するというものではなく、不変のものである。それに対して智のほうはたえず進歩しているからであるとした。さらに日本の文明の特色については権力の偏重にあることを強調し、治者と被治者とが上下に分かれており、治者が名利を専らにしてきたのに対して、被治者は独立自由の気性を欠いてきたとしている。すなわち独立を守ることの必要性（日本の独立を守ることの急務なること）から、独立を守るには国を文明に進める以外に途はないとしたのである。

そして最後に「国の独立は目的なり、国民の文明は此目的に達する術なり」[9]とリアリスティックにその道を示しているのである。ここで諭吉は明らかに国の独立が目的であって、文明はそのための手段であることを確言している。そこには諭吉の強い思いがあり、それは諭吉がロンドンへ留学中の門下生、馬場辰猪《たつい》にあてた書簡の中によく示されている。「……旧習の惑溺を一掃して新しきエレメントを誘導し、民心の改革をいたしたく、とても今の有様にては、外国交際の刺衝《ししょう》に堪え申さず。法の権も商の権も、日に外人に犯され、ついにはいかんともすべからざるの場合に至るべきかと、学者終身の患はただこの一事のみ……」と。

ここにみるように諭吉は学者（啓蒙思想家）であるとともに、憂心仲仲《ちゅうちゅう》たる愛国者であるともいえる。文明論を含めた学問的研究は、憂国の至情に促されてなされたものであるともいえ、その切々たる思いがなかったならば、諭吉の著作はこれほどの生命あふれた（感動を与える）書物にはならなかったであろう。『学問のすゝめ』にしろ『文明論之概略』にしろ（それは文明論の純学問的、充分客観的な考案を妨げることになったかもしれないが）その「思い」こそが、これらの書物を永久不変なものとして人々に読み継がせるものとしたのである。

四　諭吉と故郷、そして国家

これまで述べてきたように、「中津留別の書」の中で最後に述べられている「人誰か故郷を思わざらん」は諭吉の深層心理であり、思想の原点でもあると思われるものであるが、諭吉を啓蒙思想家としたものは、先祖代々住んできた環境に本能的、習慣的な愛着をもっていた、というだけにとどまらなかったというところにある。

もちろん、そうした思い、愛着ぬきにしてはこれほどのインパクトを人々に与えることはなかったであろうが、そういう思いを、一つの社会的環境にとどまらせることなく、すなわち己のものとして、国家の動向にまで止揚したところに、諭吉のもっすごさがある。諭吉が郷里に対して愛着を感じていたことと、時代によって生じた環境の変化を、ただ単に自分のまわりにおこった変化としてとらえるだけではなく、自分自身の運命としてとらえたとき、郷里中津の人々に、中津への思いとともに、国家構成員としての自覚をうながし、単なる外的な環境の変化だけではなく、個人の内面的な意識の内にそれらをとりこませようとしたのである。

そこに諭吉の単なる個人主義者でも、愛国者でもないところがあり、その両者を止揚したところの、明治の偉大なる思想家としてのゆるぎない地位があるといえる。そしてそれはすなわち「独立自尊」の精神であり、それには何よりも個人的自主性が必要なのであって、その最終目標は国家的な自主性であった。

諭吉は我が国において最も欠けているものは「自主的人格」の精神であり、道徳、法律が常に外部的な権威として強行されてきたことにあるとしている。それゆえに諭吉は「一身独立して一国独立す」[10]と言っているように、個人個人の自発的な決断を通して、「国家」への道へといたらせようとしたのであった。

また、諭吉は圧制に対する不屈の精神も述べている。それは国内においては権力者の横暴に、国際間においては強国の横暴に対してのものである。『通俗民権論』、『通俗国権論』において諭吉は「内」と「外」に対する抵抗[11]を行っている。この両者において諭吉は、たとえ国内において民権が伸びたとしても、外国に対して国権が縮んでは何にもならないといっている。

そして『通俗国権論』では、軍備を認めるとともに、もし国民にその資力がないとしても、その資力いかんにかかわらず、国民のその国を護る熱心さのいかんを糺《ただ》すべきだとも言っている。当然これらは日本の独立を守るためのものであった。

『通俗国権論』の中には「即日より其の生は禽獣の生と為り、又人類の名を下だす可らず。孟子、巻之四、告子の編に、義と生と二者兼ぬ可らず、生を捨てゝ義を取るの論あり。就て見る可し」とあるように、いかに人間にとって生は大切なものであるとしても、どうしても守らなければならないものがある。それは個人においても国においても同じで、どんな不義理を働いても、恥をかいても命を守ろうとするのは禽獣と同じであると『孟子』を引き合いに、「義」と「生」とは両存し得ないことを述べている。そしてその場合には「義」をとるべし、としているのである。一見啓蒙思想家である諭吉の言とは思えないような言葉かもしれないが、儒学的教養を充分身につけていた諭吉だからこそのとらえ方であるともいえる。

五　諭吉と「儒学」

諭吉も当時の一般の士族青年と同じく、幼少の頃より儒学を学んで成長し、その儒学的教養は大なるものがあった。したがって一九歳にて長崎に遊学するまでは、読書といえば「四書五経」が中心の生活であった。しかしその後の青春時代に受けた西欧文明からの衝撃の深さが、日本の文明化へと導かせ、その第一歩が「外形」よりも人々の「気風」の変革を求めさせたのであった。

諭吉が個々人の独立なしに国の独立はあり得ないと知ったのは、欧米への旅であった。その道中、アジア諸国の港町でみた現地住民の貧しさ、欧米諸国とのあまりの違い。ここから教育を受けることは何より自らのためのものであると悟ると同時に、文明については「一人の精神発達を論ずるに非ず、天下衆人の精神発達を一体に集めて、その一体の発達を論ずるものなり」[12]と言っているのである。

こうした教育観・文明観はこれまでの諭吉の生活環境と、これまでに培われてきたものより生じたものだといえる。父は中津藩の下級武士ではあったが、学問を志しており、諭吉という名前も父が長年入手したいと思っていた明の時代の法典『上諭條例』が手に入ったその日に生まれたので、その名をつけたという。二歳にならないうちに父は死去するが、その父の生き方や学問への関心を母が常に語って聞かせていたといい、藩風に合わず、家にとどまっていることが多かったが、この間、諭吉は学問への関心をさらに高めていったといえる。

諭吉は啓蒙思想家であると同時に、儒学への痛烈な批判者だともいわれている。しかしその批判はあくまでも「目的」のためにされているのであって、「儒学」そのものへの批判とは言い難い。『文明論之概略』では「在昔もし我が国に儒学というもの無かりせば、今の世の有様には達すべからず」[13]と言っており、「人心を鍛錬して清雅ならしむの一事については、儒学の功徳また少なしとせず」[14]と、その歴史的役割を述べているのである。

諭吉が批判した儒教は主にその「政治的」側面と、諭吉が言うところの「腐儒」に対してのものである。

諭吉は儒学者としての父百助を心より尊敬していたし、その功徳は大きいものがあると思っていた。それは後年の諭吉の儒教批判に対して、父の友人である儒者の中村栗園《りつえん》から、そうした言動はあまりに父の意に反しているのではないかとの詰問を受けたとき、諭吉は「その品行、端厳方正にして、しかも文才の活潑なりしは、生深く欽慕し、厚く信じて疑わず」(15)と反論しているのである。また栗園が儒教の重要性を強調したのに対して諭吉は「儒の道を喜ばざるに非ず、当時儒者流の人を喜ばざりしなり」(16)といっており、それは「腐儒」の一掃をめざしたものだったのである。

六 諭吉の儒教批判

諭吉は先に述べたように儒書の中の徳教の部分を認めつつも、それを青年に用いることのおろかしさを述べている。その理由としては明治一六年の「時事新報」の中の「儒教主義の成跡甚だ恐る可し」で次のように述べている。「我輩とても少年の時には少しく経書を学びたることあれども、今にしてこれを回想すれば書中の所記十の七、八は悉皆政談なりしを覚るが如し」(17)と。その上で「孟子の如きも亦然り開巻第一より政談を以て始め、書中大半の議論は政事より外ならず」(18)として、その道徳的部分の重要性は認めつつも、国事にウェイトがおかれていることを批難している。それは特に『大学』における「修身・斉家・治国・平天下」の四大則のうち「修身斉家」は道徳であるが、「治国平天下」は政治であるということにもよる。

しかし中国の周の時代にはこれは自然（当然）の結果であり「周の時代にて社会の堅固は全く中央の畿内に係はり……之を堅固になさんには、此中央部の人に其身を修め其家を斉え各々その本分を守らしむるを第一肝要の儀と為すは、実際に已み難き次第なりと云う可し」[19]として、周公孔孟の時代にはこれは適したものであったと述べているのである。

ただし、ここで諭吉が最も批判したことは次の一文に要約されている。「全体周公孔孟の古代と今年今月の社会とは其組立表裏悉く顚倒したるが故に、其古代の儒教主義が此今代の社会に適合すべき理由なきの次第なり。……今日の社会には外国交際と云える其昔周の時代に在ては思ひも寄らざりし珍事出来《しゅったい》して、外国の政府、外国の人民と、平等均一の交際をなし……時としては些少の事故よりして人の国を奪ひ人の財を掠《かす》めんとする者なきに非ず。故に自今国家の存亡も中央内部に在らずして却て外国より来るとの理を合点せしめたらば、治国平天下の外に必ず外国交際なる一個条を付け加るに相違なかるべし」[20]と。

結局諭吉は「人として身を修め家を斉ふべきは固《まこと》に道徳上の責任にして、その道理は千古万古決して変りある可らず。治国平天下も亦甚だ社会に大切のことなり……治国平天下の外に一物なき儒教主義は果して行はるべきや」[21]とした上で、しかしそれは「聖賢本来辜《つみ》あらざるなり」[22]といっている。さらに「さりとて儒書は一切読む可きものに非ずと云ふに非ず。……兎にも角にも和漢今日の文明に達したるは、儒教与《あづか》りて大に力あるものと云はざるを得ず」[23]、「今の文明世界の実用に適せずと云ふも、唯この教に、立国の大義を托す可らずと云ふに止まり、一切の漢書読む可らずと云ふに非ず」[24]と述べているのである。

そして「徳教之説」の最後の方では「元来人間世界を支配するものは情と理と相反するものにして……近きものを愛するも、情に出るものにして……肉骨の関係最も近き父母を親愛するが如き、其一例にして、又身に最も近き家を愛し、居住の村を愛し、随《したが》って外国に対して自国を愛するも、自然の情にして、此情に兼るに君を重んじ君家を貴ぶの情を以てすれば、以て報国盡忠《じんちゅう》の主義を成す可し。忠義報国は全く情の働なりと明言して可なり。情の働く所には数理を言う可からず、数理の存る所には情を語る可からず」[25]とも言っている。

その上でどうしてこのような儒教批判をしているのかと言えば「其政論と徳論とを混同するが故に道徳の教に適合せず」[26]ということを強調しているのである。すなわち儒教は諭吉にとって「実用」の途にならないという点において批判の対象になっているのであり、それはリアリスティックに、目的的にみた上でのものであって、その基低部分には反面の、先にみた「情」の部分、「人誰か故郷を思わざらん」があるといえるのである。

七　儒学と洋学のはざまで

諭吉の儒教批判のもう一つは儒教と排外主義との問題であり、それは「排外思想と儒教主義」に述べられている。儒教は本来忠孝仁義の道を教えるものであるにもかかわらず、その教育を受けた者に排外思想の持主が多く、それはこれからの外国との関係において、危険至極のことだと思ったからであった。したがって「儒教主義の害は其腐敗に存り」でいわれているように「我輩が儒教主義を排斥せんとする所以のものは、決して其主義の有害なるを認めたるが為に非ず」[27]であり、「周公孔子の教は……一点の非難もなきのみか、寧ろ社会人導の標準として自ら尊敬す可きものなれ」[28]なのである。

すなわち「其主義に就ては決して非難の点を見ず」[29]なのであって、「純粋無垢の徳教」[30]としては大いに敬重すべきものであるとしている。ただ、それは腐敗し易い性質を具えており、今はまったく本来の本性を一変してしまっていて、腐敗の極に達しているからである、としているのである。そしてその流毒ははなはだしいとしているのであるが、その毒は決して儒教主義の罪ではなく、腐敗の結果だといっているのである。諭吉にとっては、腐敗こそが国を害するものであるがゆえに、「断じて恕す可らず」[31]なのであった。

このように諭吉は排外思想の再燃を患《うれ》え、それは一国の文明化における、いな国家存亡の問題にもかかわってくるものであるだけに、儒教主義批判となったのである。諭吉は兎にも角にも「一般の人心を誘導し、排外の気風を矯正して内外衝突の懸念を予防」[32]したかったのであり、それはまさに国家の安全に係わる重大事件であったのである。

諭吉はまず「郷里」中津の人達に「文明」への道に目ざめてほしかった。そのために初めての小学校をつくり、そこに最大の同志であるところの小幡篤次郎を派遣したのである。「中津留別の書」には「人誰か故郷を思わざらん。誰か旧人の幸福を祈らざる者あらん」と最後に述べているように、中津の留主居町を去って江戸へと向かうその前に、郷里の人々に対して、その胸中を吐露しているのである。

そしてこの書の書き出しは「……天道にしたがって徳を修め、人の人たる知識、聞見を博くし、物に接し人に交わり、我が一身の独立をはかり、我が一家の活計を立ててこそ、はじめて万物の霊というべきなり」[33]であり、次に「人の自由独立は大切なるものにて、この一義を誤るときは……」とした上で「一身独立して一家独立し、一家独立して一国独立し、一国独立して天下も独立すべし……」[34]と続いていくのである。

さらに後半においては、諭吉は「書を読むとは……支那の書も読み、天竺（インド）の書も読み、西洋諸国の書も読まざるべからず」[35]として、皇学・漢学・洋学を問わず、そしてその学流の得失よりも、我が国の利害をこそ考えるべきだとしている。すなわち、この時にあたっては、外人のはばかるものはひとり西洋学のみであるために、洋学の急務なるを主張する、と述べているのである。

それは「ひろく万国の書を読て世界の事状に通じ、世界の公法をもって世界の公事を談じ、内には智徳を修めて人々の独立自由をたくましゅうし、外には公法を守って一国の独立をかがやかし、はじめて真の大日本国ならずや。……皇漢洋三学の得失を問わず、ひとり洋学の急務なるを主張するゆえんなり」[36]と結んでいる。

「中津留別の書」には明治三年の一一月二七日、旧宅の敗窓の下で記す、とあるが、諭吉はこの後、「洋学の急務」[37]ゆえ、めざましい著作活動を展開するのである。それはここでいっているように「漢（儒学）の得失」[38]をいっているのではない。あくまでもそれは一身・一家・一国の独立を計らねばならないという思いからであって、それがこのあと書かれた『学問のすゝめ』の主旨であった。そしてこの説の中心はいわゆる諭吉のいうところの「権利通義」でもあった。

諭吉にとっては、当時の日本がおかれた国際的与件の中で、日本と日本人とがどのように行動すべきかということと、自国をとりまく国際環境をどう観察し、それにもとづいてどのような外交を展開すべきか、ということとは不可欠なものであり、急務であった。それは、外交は利害の共有の上にしかなりたたない、という徹底したリアリズムをもたらし、実学をして学問とさせるに至ったものでもあった。

諭吉は豊前中津藩の下級武士の子として生まれ、父は経学（儒学）、詩文の才にも長じていたが、下級武士としての身分的制約から、その才能を認められることなく、不満のままその短い生涯を終えたと母から聞かされていた。母より伝えられた父の人柄と生涯、そして父亡き後の中津での下級武士としての身分のみじめさとは、諭吉に深く反封建的な生活感情をうえつけた。それが中津を去るにあたって書かれた「中津留別の書」であり、後の『学問のすゝめ』他の啓蒙書である。

それらに一貫して流れているものは「人誰か故郷を思わざらん」であり、それが国家にまで至ったとき、人はそれをして諭吉を「アジア諸国への帝国主義的侵出の是認」としたり、また儒教の強力な批判者としたりするのである。しかし諭吉は決して儒学と洋学との優劣をいっていたのではなく、リアリスティックにそのときに必要なもの（学問）とは何かを実学的にとらえようとしただけであった。

諭吉は明治を最も代表する啓蒙思想家であり、明治の外交思潮をリードした機敏なる外交家であった。それは批判の対象ともなっている「脱亜論」にもよく示されている。そこからは諭吉のリアリズムを直に感じることができる。しかしそれはあくまでも、開国、そして維新を経験し、その渦中にあった諭吉の、いまだ弱小な日本が列強の国々(特に清国やロシア)の中にあって、そのせまりくる圧力に対してどう抗するか、からきたものであった。

また、諭吉は強力な儒教批判者だとも言われているが、それもこれらの文脈から考えられるべきものであって、儒教のもつ良さも充分認識していたのである。そこにもリアリストとしての諭吉の存在がある。そしてそれゆえでもあろうか、諭吉は明治政府のたび重なる招請に対しても応じず、在野精神を貫いた。西洋の近代思想の輸入、紹介を担った諭吉他の「明六社」の人々(加藤弘之、西周、中村正直、西村茂樹、箕作麟祥、神田孝平、津田真道、森有礼、他)はほとんど、はじめ幕府に、それから明治政府に出仕した。

諭吉の思想の原点はあくまでも故郷中津での「門閥制度は親の敵で御座る」であり、故郷を去るにあたって書いた「人誰か故郷を思わざらん」であったのではないだろうか。そこに諭吉の「情」(親や故郷への)とともに、それを目的的に達しようとしたリアリスト諭吉の存在、および実学という方法論とが存在したのではないだろうか。そしてそれが時として、諭吉の思想の内にアンビバレントな感情としてわきおこってきたのではないだろうか。

八　ふるさと中津と「旧藩情」

諭吉は「門閥制度は親の敵でござる」と言って中津を去った。しかし何年か後、遣米使節や遣欧使節に従っていくうちに、幕府の翻訳方となり、幕臣となった。すなわち、門閥の総本家ともいえる徳川幕府の中におさまったのである。そこは中津藩より居心地のよい所であったのかもしれない。

幕府は、幕末ともなると人材登用制度により、譜代大名の下級武士を採用するという革新的な面をもっていた。それは九州の中津藩とは大きな違いであった。身分格差の激しい中津藩で儒学に通じた学者でもあった父親は、名をなすこともできずに世を去った。諭吉自身、同じ年に生まれた家老の息子・奥平外記に下級武士（下士）として扱われ、言いしれぬ屈辱とともに、いわれなき差別を激しく憎んで育った。

「門閥制度は親の敵でござる」といって中津を去って二十数年の後、明治も一〇年となった年、諭吉は当時の藩の模様を「旧藩情」として語っているのである。そしてその「緒言」において、舟のたとえを出し、舟と共にいるものは、その舟の運動には気付かないが、岸よりみているものは、その舟の動きがよく分かるとして、自らを岸上に立つ者として、中津旧藩の情態を記しているのである。

ここで諭吉は旧中津奥平藩士、千五百名の身分役名は百余級あるとした上で、大きく分けると上等と下等とがあり、上等は下等の三分の一ほどであると言っている。そしてこの上士と下士との違いを、ことこまかに記しているのである。

「旧藩情」第一の（権利を異にす）では次のように述べている。

「下等士族は何等の功績あるも何等の才力を抱くも決して上等の席に昇進するを許さず……故に下等士族は其下等中の黜陟《ちゅっちょく》に心を關して昇進を求れども、上等に入るの念は固より之を断絶して、其趣は走獣敢て飛鳥の便利を企望せざる者の如し」[39]

「……小役人格の者にても大臣《たいしん》に逢へば下座平伏を法とす。啻《ただ》に大臣のみならず上士の用人役たる者に對しても同様の禮を爲さゞるを得ず。又下士が上士の家に行けば次の間より挨拶して後に同間に入り、上士が下士の家に行けば座敷まで刀を持込むを法とす。又文通に竪様《たてざま》、美様《びざま》、平様《ひらざま》、殿付《とのづ》け等の區別ありて、決して之を變ず可らず。又言葉の稱呼に、長少の別なく子供までも、上士の者が下士に對して貴様と云へば、下士は上士に向てあなたと云ひ、來やれと云へば御いでなさいと云ひ……又上士の家には玄關敷臺を構へて下士には之を許さず、上士は騎馬し下士は徒歩し、上士には猪狩川狩《ししがりかわがり》の權を與へて下士には之を許さず。加之文學は下士の分にあらずとて表向の願を以て他國に遊學するを許さゞりしこともあり。……上等と下等との大分界に至ては、殆ど人爲のものとは思はれず、天然の定則の如くにして之を怪しむ者あることなし」[40]

ここに記されているように、中津藩においては「上士」と「下士」との違いは「天然の定則」のごときものであった。

第二の（骨肉の縁を異にす）では「上等士族を給人と稱し、下等士族を徒士又は小役人と云ひ、給人以上と徒士以下とは何等の事情あるも縁組したることなし。此縁組は藩法に於ても風俗に於ても共に許さゞる所なり。……恰も一藩中に人種の異なる者と云ふも可なり。故に此両等は藩を同うし君を共にするの交誼ありて骨肉の親情なき者なり」(41)と述べている。

第三の(貧富を異にす)では、「藩にて要路に立つ役人は、多くは此百石(名目のみ)以上の家に限るを例とす。藩にて正味二、三十石以上の米あれば、尋常の家族にて衣食に差支あることなく、子弟にも相當の教育を施す可し。之に反して下等士族は十五石三人扶持、十三石二人扶持、或は十石一人扶持もあり。……夫婦暮しなれば格別、若しも三、五人の子供又は老親あれば、歳入を以て衣食を給するに足らず」(42)といっている。

第四の(教育を異にす)では、たとえば書く文字にしても、「上等士族は習字にも唐様《からよう》を学び、下等士族は御家流を書き、世上一般の気風にて之を評すれば、字の巧拙を問はずして御家流をば俗様《ぞくよう》として賤しみ、之を書く者をも俗吏俗物として賤しむの勢を成せり」(43)と述べている。

第五では(理財活計の趣を異にす)ることを。第六では(風俗を異にす)ることが述べられているが、それらの秩序は、「存して動かす可らざるもの」であった。

第六では「上士族は大抵婢僕を使用す。假令《たと》ひ之なきも、主人は勿論、子弟たりとも、自から町に行て物を買ふ者なし」(44)といっている。また「語風」の異同に関しても、その言葉遣いは「どおしょう」ということ一つとっても、上士は「どおしょをか」であり、下士は「どをしゅうか」であり、商・農は「どげいしゅうか」であるため、たとえ「隔壁にても人の対話を聞けば、其上士たり下士たり商たり農たるの区別は明に知る可し」[45]なのであった。

こうした子供まで含めた上士と下士とのあらゆる面における格差に対して、「多年苦々しき有様なりしかども、天下一般、分を守るの教を重んじ、事々物々秩序を存して動かす可らざるの時勢なれば、唯其時勢に制せられて平生の疑念憤怒を外形に發すること能はず、或は忘るゝが如くにして之を發することを知らざりしのみ。中津の藩政も他藩の如く専ら分を守らしむるの趣意にして壓制を旨とし、其精密なること殆ど至らざる所なし。而して其政權は固より上士に歸することなれば、上士と下士と對するときは、藩法常に上士に便にして下士に不便ならざるを得ず。……下士の輩は滿腹常に不平なれども、嘗て此不平を洩す可き機會を得ず」[46]と言っている。

決して変えようとしない、かたくななまでの秩序の中、一九歳に至るまでの諭吉は、こころの内に、それへの憤懣を累積させていったのである。

九　「中津に学校を」から『学問のすゝめ』（初版）へ

諭吉は旧藩地に学校をつくることを長年希望していたが、それは旧知事の分禄と、旧官員の周旋とによってかなえられた。諭吉はそこで「肉体以上の心を養ひ不羈独立の景影だにも論ず可き場所として学校の設あれば、……暗黒の夜に一点の星を見るが如く」[47]と述べ、学校を次第に盛んにすることおよび、「上下士族が相互に婚姻するの風を勧ること」(48)の二点を切望した。諭吉は「中津の旧藩にて上下の士族が互に婚姻の好を通ぜざりしは、藩士社会の一大欠点にして、其弊害は殆ど人心の底に根拠して動かす可らざるものゝ如し」(49)と述べ、ここに門閥制度の根拠をみてとっていた。それゆえに諭吉にとってそれは、門閥制度打破のための最後の攻撃目標でもあった。そして学校はそのための砦でもあった。

そこで「既に學校に心を歸すれば門閥の念も同時に断絶して其痕跡を見る可らず。市學校は恰も門閥の念慮を測量する試験器と云ふも可なり（余輩固より市學校に入らざる者を見て悉皆これを門閥守旧の人と云ふに非ず。近來は市校の他に學校も多ければ、子弟のために適當の場所を選ぶは全く父母の心に存することにして、之が爲敢て其人物を輕重するには非ざれども、眞に市校に心を帰して疑はざる者は、果して門閥の念を断絶する人物なるが故に、本文の如く之を證するのみ）。下等士族の輩が上士に對して不平を抱く由縁は、専ら門閥虚威の一事に在て、然も其門閥家の内にて有力者と稱する人物に向て敵對の意を抱くことなれども、其好敵手と思ふ者が首として自から門閥の陋習を脱したるが故に、下士は恰も戦はんと欲して忽ち敵の所在を失ふたる者の如し。敵の爲にも味方の爲にも雙方共に無上の幸と云ふ可し。故に云く、市學校は旧中津藩の僥倖を重ねて固くして眞の幸福と爲したるものなり」(50)といっている。

また、「数百年の間、上士は壓制を行ひ下士は壓制を受け、今日に至て之を見れば甲は借主の如く乙は貸主の如くにして、未だ明々白々の差引を爲さず。又上士の輩は昔日の門閥を本位に定めて今日の同權を事變と視做し、自から亦下士に向て貸す所ある如く思ふものなれば、雙方共に苟《いやしく》も封建の残夢を却掃して精神を高尚の地位に保つこと能はざる者より以下は、到底この貸借の念を絶つこと能はず」[51]なのである。

諭吉は明治十年においても、その心の内には門閥に対してなお消えることのない「恨み」をいだいていたといえる。「学校」も「婚姻」もその打破のためのものであったともいえる。

学校に関して諭吉は、次のように述べている。「學校の教は人の心事を高尚遠大にして事物の比較を爲し、事變の原因と結果とを求めしむるものなれば、一聞一見も人の心事を動かさゞるはなし。地理書を見れば、中津の外に日本あり、日本の外に西洋諸國あるを知る可し。尚進て天文地質の論を聞けば、大空の茫々日月星辰の運轉に定則あるを知る可し。地皮の層々幾千萬年の天工に成りて、其物質の位置に順序の紊《みだ》れざるを知る可し。歴史を読めば中津藩も亦唯徳川時代三百藩の一のみ。徳川は唯日本一島の政權を執りし者のみ。日本の外には亜細亜諸國、西洋諸洲の歴史も殆ど無数にして、其間には古今英雄豪傑の事跡を見る可し。歴山王《アレキサンダー》、ナポレオンの功業を察し、ニウトン、ワット、アダム・スミスの學識を想像すれば、海外に豊太閤なきに非ず、物徂徠《ぶっそらい》も誠に東海の一小先生のみ。僅に地理歴史の初歩を読むも、其心事は既已に旧套を腕却して高尚ならざるを得ず。況《いわん》や彼の西洋諸大家の理論書を窺ひ、有形の物理より無形の人事に至るまで、逐一これを比較分解して、事々物々の原因と結果とを探索するに於てをや」[52]と。

そして中津藩に対しては「中津旧藩の如き、何ぞ之を歯牙に止るに足らん。彼の御廣間の敷居の内外を争ひ、御目付部屋の御記録に思を焦《こが》し、怫然《ふつぜん》として怒り莞爾として笑ひし其有様を回想すれば、正に是れ火打箱の隅に屈伸して一場の夢を見たるのみ」[53]といっているのである。

そして最後に「学校」に対しては「有形なる身分の下落昇進に心を關せずして、無形なる士族固有の品行を維持せんこと余輩の懇々企望する所なり。唯此際に於て心事の機を轉ずること緊要にして、其これを轉ずるの器械は特に學校を以て有力なるものとするが故に、殊更に藩地徳望の士君子に求め、其共に盡力して學校を盛にせんことを願ふなり」[54]と述べ、その重要性を訴えている。

一方、「婚姻」に関しては、「中津の旧藩にて上下の士族が互に婚姻の好《よしみ》を通ぜざりしは、藩士社会の一大缺典にして、其弊害は殆ど人心の底に根據して動かす可らざるものゝ如し」[55]と述べるとともに、「一度《た》び互に婚姻すれば唯雙方両家の好のみならず、親戚の親戚に達して同時に幾家の歓を共にす可し。況や子を生み孫を生むに至ては、祖父を共にする者あり、曾祖父を共にする者あり、共に祖先の口碑を與にして、旧藩社會、別に一種の好情帯を生じ、其功能は學校教育の成跡にも萬々劣ることなかる可し」[56]と言っている。婚姻が上士、下士に関係なく行われることこそ、これまでの門閥制度に対して、学校以上の効果を与えるものだとしているのである。諭吉が求めた「学校」と「婚姻」の問題は門閥制度と深く関わっていたのである。

二　原風景としての中津と家族

一　合理主義的精神の形成

一般には、啓蒙思想家福沢諭吉は、儒学への厳しい批判精神をもつものとされているが、これまでみてきたように、諭吉の言動には儒学的精神の反映または肯定ととられるものが多くみうけられる。それと同時に目的のためにはそのいずれであってもかまわないとする、非常に合理的精神の持ち主であるともされる。それは宗教に対する態度からも伺える。

諭吉はいずれの宗教にも信仰心をもたず、宗教とは無関係の態度をもちつつ、目的のために役立つものであれば、いずれの宗教でもよしとしたのであった。それは諭吉のことば「私の生涯の中に出来《でか》して見たいと思ふ所は、全国男女の気品を次第々々に高尚に導いて真実文明の名に愧《はず》かしくないやうにする事と、仏法にても耶蘇教にても孰《いず》れにても宜しい、之を引立てて多数の民心を和らげるようにする事と……」(1)によく示されている。目的のために役立つ宗教が必要な宗教なのであり、諭吉は基本的には無神論者であり、不可知論者であったといえる。それは、諭吉は常に此岸的境地の中におり、宗教を客観的にながめつつ、有用なものだけを抽出して用いようとしてきたからだともいえる。先の言葉にあるように、仏法でも耶蘇教でも、すなわち仏教でもキリスト教でもよかったのである。

明治八年に書かれた「覺書」の中に次のような文言がある。「斯る人民を教るには、何んでも構はず、神道にても仏法にても、稲荷様も水天宮様も、悉皆善良なる教なり[2]」と。そして、それは一般民衆に対してのものであり、人民の内でも品行の高きもの、学者にはこうした「宗教」は不要であるとしている。すなわち人知あるいは学問を充分に修めたものには必要ないものだとしているのである。

ここにも諭吉の学ぶことによって品行高きものにするという基本的認識とともに、宗教に対しても目的合理的に、文明度の低い人民を教える手段として考えているという態度をよみとることができる。そしてその学問は自らと国家とを「独立」させるための手段でもあった。

もう一つ、諭吉の中には強力な平等意識があり、それが『学問のすゝめ』の冒頭に出てくる「天は人の上に人を造らず人の下に人を造らず」であり、これは機会の平等を強く求めたものであった。こうした諭吉の宗教を含めた合理的精神と『学問のすゝめ』の冒頭にも示されている平等意識、それ以降に出てくる目的意識「一身独立して一国独立す[3]」は目的合理性と実学志向を示すものであると同時に、これらは基本的に儒学的精神の中枢を流れている基本精神であるともいえる。

儒学においては『論語』先進第十一に「季路鬼神に事《つか》ふることを問う。子曰く、未だ人に事ふること能はず、焉《いずくん》ぞ能く鬼に事へんと。敢えて死を問ふ。曰く、未だ生を知らず、焉んぞ死を知らん[4]」とあり、述而第七には「子、怪・力・乱・神を語らず[5]」、雍也第六には「鬼神を敬して之を遠ざく[6]」とあるように、基本的には神（鬼神にたいして）は無神論、不可知論であり、それこそが合理的判断であった。

また、衛霊公第十五の「教有りて類無し[7]」や陽貨第十七の「性、相近きなり。習、相遠きなり[8]」にあるように強い平等意識ももっている。そしてそれこそが諭吉においては実学へと続くものであった。『大学』に、諭吉が批判している「修身斉家治国平天下」とあるが、まず「修身」、学問によって身を修めることから、治国、平天下へと続くのであった。それは当時においては「日本の独立」であり、それにはまず一人ひとりの独立が必要なのであった。

したがって学問はそのための目的であり、最終的に「一国独立する」ための実学的なものでもあった。そしてそれは『大学』にいうところの「格物致知」、「格物窮理」のための方法でもあった。「知る」ということ、「理」をきわめるということは目的を達するための手段であり、そのための実学でもあったのである。

二　母・於順と諭吉の宗教観

諭吉の母・於順は中津奥平藩の士族の娘だったと『福翁自伝』にある。父の死後兄と姉三人とともに一歳半の諭吉は中津へ帰ったが、中津での一家は少々変わったところがあり、あまりまわりと馴染めなかったようである。母・於順についても諭吉は、「母も亦随分妙なことを悦んで、世間並みには少し変わって居たやうです。一体下等社会の者には付き合ふことが数奇《すき》で、出入りの百姓町人は無論、穢多《えた》でも乞食でも颯々《さっさつ》と近づけて、軽蔑もしなければ忌がりもせず言葉など至極丁寧でした。又、宗教について、近處の老婦人達のやうに普通の信心はないやうに見える。たとえば家は真宗でありながら説法も聞かず、『私は寺に参詣して阿弥陀様を拝むこと斗《ばか》りは可笑しくてキマリが悪くて出来ぬ』と常に私共に云ひながら、毎月米を袋に入れて寺に持て行て墓参りは欠かしたことはない」(9)と述べており、家に諸宗の書生坊主が遊びにくれば悦んで馳走したそうである。そして「兎に角に慈善心はあったに違ひない」(10)と結んでいるのである。

それはまた、母が乞食の虱をとっていたという話にもつながる。毎日中津の市中を貰て廻っていた女乞食を見ると、母は呼び寄せ、土間の草の上に座らせて、自ら襷掛けをして乞食の虱狩りをし、自分もその加勢に呼び出され、とった虱つぶしをさせられたと『自伝』でぼやいている。その後乞食に飯を遣るのがきまりであったそうである。

さらに『自伝』には神様のお札を踏んだ話や、稲荷様の御神体をのぞき見した話などが出てくる。いずれもまだ中津にいた少年時のことである。兄がそろえていた藩主の反故《ほご》を踏んで通ってしまい、兄に厳しく叱られたときなど、殿様の名が書いてある紙を踏んだからといってかまうことはなかろう、それが悪いなら神様の名のあるお札を踏んだらどうだろうかと思い、お札を踏んでも何ともなかったなどと言っている。「ウム何ともない、コリャ面白い、今度は之を洗手場に持って行って遣らうと、一歩進めて便所に試みて、其時は如何かあらうかと少し怖かったが、後で何ともない。『ソリャ見たことか、兄さんが余計な、あんな事を言わんでも宜いのぢや』と独り発明したやうなものだが……一人でそっと黙って居ました」(11)などとある。

それから一～二年後、今度は年寄りなどが話している神罰冥罰なんていうことは大嘘だと独り自ら信じ切って「今度は一つ稲荷様を見て遣らうといふ野心を起して、私の養子になって居た叔父様の家の稲荷の社の中には何が這入って居るか知らぬと明けてみたら、石が這入って居るから、其石をうっちゃってしまいて代わりの石を拾ふて入れて置き、又隣家の下村と云ふ屋敷の稲荷様を明けてみれば、神体は何かの木の札で、之も取て棄てて仕舞ひ平気な顔して居ると、間もなく初午になって幟を立てたり太鼓を叩いたり御神酒を上げてワイワイして居るから、私は可笑しい」[12]などといっている。

諭吉は幼少の頃から「神様が怖いの、仏様がありがたいのということはちょっともなかった」ようである。うらないや、まじないも一切不信仰であったといい、中津にお稲荷様をつかうという女が来たときには「ソリャ面白い、遣って貰はう、及公が其御幣を持たう、持てる御幣が動き出すと云うのは面白い、サア持たして呉れろ」といって女を困らせたと[13]『自伝』にある。

先にみたように、母・於順の自家の真宗に対する態度は、諭吉の宗教観において深層心理的に大きな影響を与えてきたと思えるのであるが、それは宗教に対して畏敬をもつというよりも、目的的にとらえる態度を養ってきたといえる。諭吉にとってはいずれの宗教も実証不可能なものであり、畏敬にたるものではなかったが、積極的に否定せねばならないものでもなかった。したがって民衆の心をとらえるものであるならば、すなわち民心を教化しうるものであるならば、何教であってもよかったのである。そこに合理主義または功利主義的な要素が働いていたといえる。

それは先にみた文言の他にも宗教に対しては「……理屈に適はぬことにて至極馬鹿らしきものなりとて、学者先生達は一概に之を無益の事とのみ取極めて毫《ごう》も用捨することなし。……『ゴッド』なり、耶蘇なり、阿弥陀様なり、不動様なり、豈《あに》其効能なしと云ふ可けんや」[14]と述べている。また「今の世に宗旨は甚だ必要なりと思ふなり。……自から頼む能はざる者は他を頼むこと必然の勢なり」[15]ともいっているように、目的を達するための効用性は強く認めているのである。

しかし諭吉自身は「吾輩は宗教に就き其正邪を論ずる者に非ず。……畢竟《ひっきょう》我々の一類は宗教に淡白にして、聊《いささか》も之を信ぜず、聊も之に帰依せず、淡白極りて亦これを忌みもせず」[16]と母・於順の宗教観、福沢家の宗教観について「時事新報」で述べている。そして続けて「今の無智不完全なる世界には宗教も甚だ要用なる」[17]とした上で「経世の便法ならんと信ずるの外なし」[18]としているのである。これはさらに晩年に至ると「宗教とは……深く学問上より吟味すれば必ずしも動す可らざる根拠あるに非ず。……然れども衆生済度の為には必要欠く可らざるものにして」と述べ、「宗教は経世の要具なり」[19]と定義しているのである。

三　諭吉と父百助

諭吉ほど、一歳半のときに病死した（といわれている）父百助と母・於順の影響を受けた思想家も少ないといえる。諭吉は直接父と接したことがないだけに、母・於順より聞いた父の姿を瞼に浮かべ、また父を慕い恋うる思いが、父の生涯を、そして父の業績を、崇敬の念をもって学ばせ、受け入れさせてきたといえる。それほど、まだ見ぬ父に焦《こが》れた者もいないのではないだろうか。そのことは『福翁自伝』によく述べられている。

先にみたように、諭吉の父百助は中津藩の大坂蔵屋敷の役人であった。藩の会計を担当する下僚であったが、蔵屋敷の役人というのは藩における財政金融の要であるだけに、また豪商や他藩との交渉にあたるために、政治、経済、社会の情勢を把握していなくてはならず、大坂の蔵屋敷に派遣される各藩の役人は優れた文化人が多かった。諭吉の父百助も学者・文化人としては大変に秀でた人物であり、儒学にも漢詩にも優れた学者であったといわれている。

諭吉はこの父のことを母・於順よりくり返し聞かされ、敬愛の念をつのらせていくとともに、父の足跡を追っていく。そして父の作品をくり返し読み、その背後にある思想哲学をよみとるとともに、「父は学者」[20]であり、「真実正銘の藩儒」[21]であったと『福翁自伝』で高らかに宣言しているのである。そして父亡き後、母・於順によって引き継がれた「家風」、すなわち、儒学的家風のもとで一九歳になるまでみっちりと儒学を学んだのであった。

諭吉は五歳頃から福沢家に縁のあった服部五郎兵衛に四書の素読を受け、八歳から数年の間は父が学んだ野本雪巌の子、野本真城のもとで漢学を学んだ。野本真城は父百助が学んだ帆足《ほあし》万里の門下において四天王といわれた内の一人であった。その後『福翁自伝』にも述べられているように、一九歳になるまでの四、五年間は儒学者白石照山のもとで経書を中心に『論語』、『孟子』、『詩経』、『書経』をよく読み、『左伝』などは一五巻全部を一一回も読み返し、おもしろいところは暗記してしまったほどであったといっている。

また、『老子』や『荘子』の講義もよく聞き、この間は本格的に漢学を学び、ひととおりはこなして、「漢学者の前座くらいになっていた」[22]と自負しているのである。それらは『福翁自伝』では白石という先生の塾において厳しく指導され、これらの他に蒙求、世説、戦国策、前後漢書、晋書、五代史、元明史略まで真剣に読みこなしたと言っており、その学流は亀井風であったと述べている。

このように幼少のとき、すなわち父の死後、大坂から中津に帰ってからは母と子ども五人の六人暮らしであったが、その家庭教育は「儒教主義の教育」[23]であったといっている。それは母・於順による、父生存中の家風および教育の継承でもあった。諭吉は父のことを「伊藤東涯先生が大信心で……其遺風は自ら私の家には存して居なければならぬ。一母五子、……明けても暮れても、唯母の話を聞く斗《ばか》り、父は死んでも生きているやうなものです」[24]と言っている。さらに「言はず語らずの間に高尚に構え」「家風は至極正しい、厳重な父があるでもないが」「母も決して喧しい六《むつか》しい人でないのに、自然に爾《そ》うなったのは、矢張り父の遺風と母の感化力でせう」[25]といっている。

父の遺風と、母からくり返し聞かされたことによる感化力、父の書き遺したものなどが与えた父への尊敬の念などは諭吉に大きな影響を与え、父百助の思想哲学、儒学的精神を強く受け継ぐこととなったのである。こうした父に見習い、もの心ついたときから、一九歳で蘭学を学びはじめるときまでの多感な青年時代、充分すぎるほどに受けたという漢学的教養は、その精神的基底において諭吉に大いなる影響を与えないはずはなかった。

諭吉は直接父と接したことはなかったけれど、父百助の作品をくり返し読み、計り知れない感化を受けた。これら若い頃の教養と精神とが諭吉の思想の深層を構成していったのであるが、諭吉の父百助は中津藩の漢学者野本雪巌に学んだ後、豊後日出《ひじ》藩の漢学者帆足万里に学んだ。帆足万里は自然哲学者三浦梅園の孫弟子であり、漢学が主ではあったが窮理学（西洋物理学・哲学）も研究していた。

父百助は数え年四五歳で急死したのであるが、その死を悼んで百助の盟友、中村栗園はその書『栗園文鈔』において「あなたは、もともと書物を読みふけり、ややもするとのどの渇きも腹のへるのも忘れて、公務の閑をぬすんでは読書し、常に俗儒の輩が浮華雷同するさまを慨歎していたが、あなたのように見識高く道理に通じた人物を失ったことはとりわけ口惜しい（要約）」[26]と述べている。

事実、百助は藩中きっての蔵書持ちであったと言われているほどの読書家でもあった。その蔵書数は千五百冊にも及ぶもので、その中には高価なものも含まれ、『上諭條例』のように、当時手に入りにくいものも含まれていた。これは儒学書というよりも社会科学書ともいえるもので、清朝の詔令集、法律書であった。この本が手に入ったときはたいそう喜び、その夜生まれた赤ん坊に諭の字をつけて諭吉としたと『福翁自伝』にあるほどであった。

四　父・母から諭吉へ

百助は藩校、進脩館で学んだ後、豊後日出の大儒である帆足万里の門下生となり、儒学を深く修めるとともに漢詩もよくしたのであるが、その漢詩のうちに百助の思想哲学をうかがうことができる。たとえば『杲《こう》育堂詩稿』においては、一般の儒者の詩文とは異なり、詩をもって世に問う真摯な姿勢をうかがうことができる。その一つは『杲育堂詩稿』の冒頭における詩「戊寅二月、門有乞食者、……」がある。

それは「戊寅二月に、門に乞食する者があり、出てそれを見ると肢体は怪異であり、多くの人がこれを見て哀れに思い、銭や米を与えている」という内容の書き出しからはじまっている。それを見た百助は憤然として「あなたは何処の故郷の民なのか、あちこちを這いずりまわり、一杯の粗汁を得るのにも難儀をしているが、いったい何の前因があって天地もかくの如き者を生ぜしめているのか」と嘆くと同時に、あらためて「人間の行路の難を知り、それを恨むとともに、貧家が生ずることに対してせつに皇に寛政を求め、常に明詔を下しての対応（要約）」[27]を望んで深く思いを巡らし、その貧しさを生んだ元と、そうした民に行き届くことのない「政」に対する憤りを示したのであった。その意味においてこの詩は諷喩詩の趣をもっているといえる。

こうした父百助の、救われることのない哀れな民への同情と、それらを救い得ぬ政治社会への憤りを、諭吉はその後の日本の近代化と国民の自立的精神の中に、大きく取り込んでいったといえる。そして父の詩の中にもつ平等への精神も、諭吉の内に大きな影響力を与えているといえる。それは母・於順のもっていた平等精神でもあった。そしてそれらは諭吉の代表作ともいえる『学問のすゝめ』の中に凝縮されることとなった。諭吉の父百助の死を悼んで書かれた文は中村栗園のものであるが、栗園も中津の生まれで帆足万里の門下に入り、百助と同門となったのである。百助は帆足万里から望みをかけられていた。百助ははじめ、同藩の儒学者野本雪巌に学ぶのであるが、雪巌は万里とも親交が深く、その息子白巌は一二歳で万里に学び、一時頼山陽に従って、詩や文を学んだが、再び万里のもとに帰ってきた儒者であった。

帆足万里は儒学者三浦梅園の孫弟子であるが、その間に、儒学者脇愚山がいる。愚山は日出に生まれ三浦梅園を大変信奉し、深くその学識を摂取したといわれ、詩のやりとりも多くある。そして梅園がはじめて唱え出した、自然を中心として考える学問を受け継いだ。それは「理を窮め知を致すの学」とも通じるものであった。そして、それは愚山の門弟の万里に伝えられ、梅園・愚山・万里へとその精神はつながれていった。万里はその精神的成長が著しい二〇歳までの八年間をここで学んだのであった。

また、万里の父通文は詩をよくし、梅園とも愚山とも親しかった。愚山も詩をよくしたのであるが、「実地に測り調べる術」「役に立つ学問」を大切にした。万里は藩儒として迎えられてからは、教育だけでなく、藩の政治を改め、新しくする道を開くため、実際の政治にかかわる意見を数多く奉上している。

豊後の日出で生まれた帆足万里は諭吉の父百助に多大なる影響を与えるとともに、それは父を通して息子の諭吉にも多くのものを伝えていった。そして、それこそが近代合理主義の精神に通じるものであった。万里は徳川の封建体制の厳しい中、独力で合理主義的な考えをかかげ『窮理通』を著しており、ここでは三浦梅園、脇愚山、貝原益軒などの説をよく引いている。

『窮理通』は三浦梅園が易に源を発する窮理学を受用した上で、そこに潜んでいる神秘性を排除した段階のものに、西洋の科学的知識をとりこみ、実証・実測・観察という近代的な科学的方法を用いたものであった。ここにさらに数学を研究して、これをいっそう合理的なものにしたものだった。それは八篇より成っているが、自然科学を中心に、社会科学までを含めたもので、科学の意義から目的、方法までを明らかにしようとしたものであった。

五　父から受けた実学への道

万里は実際に役立つことを重んじるとともに、宗教に対しても、すべての教えのもとは自然の道理から出たものであることから、宗教をまったく新しい見方でとらえなおしているのである。それらは神道・儒教・仏法という三教をあつかった『三教大意』に示されている。これらは儒学的な知的体系の中にとり入れられた西洋的な自然科学であるともいえ、伝統的な知的体系の構造的な変革を準備しはじめたものであるといえる。

万里はまた、数学の知識とそれの応用に力を入れるとともに『入学新論』においては儒学思想の再認識を行っているのである。それは儒学を思想として確立しようとしたもので、人間社会や宇宙のあらゆるものを貫徹している原理を見い出そうとするときに生じてくるものが儒学であるとしたからであった。

万里は儒学の道徳的世界観は西洋思想もこれには及ばないとした。そして人倫を主として、天性固有の理によって設けられた教えは、教化の大本とすべきものであり、君子の道であるとして、経義を明らかにした上で算数、経済、医学などの実学を修得すべきであるとした。その大道はあくまでも「修徳済民」であった。こうして万里は儒学思想の再認識をするとともに、『詩』(詩経)は六経の中でも一番完全無欠のものであるとして(孔子の求めた教えに従い)詩や文を数多くつくっている。

梅園も詩をよくしたし、愚山もたくさん残している。万里の父は両者と詩の交流を行っており、万里も多くの詩を残し、豊かな文学性をのぞかせている。若くして世を去った弟子達を悼み、慟哭した哀しみ深き詩や別離の情を述べた格調高い詩には、切々と心打つものがある。万里は詩は情が主であるとし、思いが表わされないことはないとした。これらは中村栗園、諭吉の父百助にも受け継がれた心[28]であり、先にみたような百助の詩となって現れている。

こうして諭吉は父百助をとおして、豊後からの儒学者三浦梅園、脇愚山、帆足万里などの思想・精神、すなわち合理的な精神および詩精神を受け継ぎ、実行力とともに詩もたしなんでいった[29]。そして数学にも重きをおき、実学を志向していった。

このように儒学を人類普遍の教えとして受け入れてきた儒学者達は、その後洋学や西洋の自然科学に接しても、それを儒学的教養をもってとらえていこうとした。幕末の帆足万里は特にそれが強く、自然科学や儒学のもつ合理主義への関心は、儒学への信念体系をさらに強めていったのである。それは儒学は因果応報や人間の知識の限界を超えたことは言わない、すなわち人間の習性によるところの、理性の範囲内での教えであることによるものであった。

孔子は人間がこの世で「人間」となることを求めているのであり、それは合理的であると同時に人類にとって普遍的なものであるとした。万里は学派の区別なく、それぞれの善さを自由にとり入れつつ儒学者として自由に考えるとともに、自然の問題、特に「窮理」の問題に関心をもち『窮理通』を表したのであった。帆足万里は儒学のもつ合理主義とともに、現実主義、状況主義的な面を備えた儒学者であった。

さらに万里は『東潜夫論』を著しており、そこでは朝廷と幕府のあり方、幕府や諸侯のあり方から、文教、経済、国防、植民地政策他、その時代に応じたあらゆる経綸に関する問題意識を展開しているのである。万里は五五歳のとき、懇請されて藩の家老になるのであるが、その後すぐに人事を刷新し、綱紀を粛正し、藩の財政を救うなど、多方面にわたる改革を行った。しかし、それがあまりにも厳正であったため、かえって人から忌憚され、自ら退任している。

こうした精神を受け継いだ諭吉の師で、万里の弟子である野本真城も諭吉が一四歳の頃、藩からのとがめを受けて幽囚の身となってしまったため、諭吉は白石照山の塾に入ることとなったのである。白石照山は野本真城に師事して儒学を学んだ後、江戸の昌平黌でも学んだのであるが、その後、朱子学とは異端であるところの荻生徂徠の学系（福岡の亀井派）に傾倒していった。そして客観性をもった法や制度による統制を重視し、「実学」を重んじた。

万里の学問的影響は、諭吉自身が『福翁自伝』でいっているように、中津藩の青年達に大きくおよび、福沢諭吉の兄三之助もそれにたがわず数学を一生懸命学び、高尚なところまでいっていたという。これらは当然諭吉に影響を与え、実証的傾向および実学的傾向を強めさせたものだった。諭吉の実学志向はこのようにして、一九歳まで帆足万里の影響が大であった中津にいたことと、父百助、兄三之助、そして母於順という「家族」によって醸し出されたものであった。

六　父の学風と中津

諭吉は明治元年『訓蒙窮理図解』という書を著し、「先ず其物を知り其理を窮め、一事一物も捨置くべからず[30]」と知識の重要性を述べている。それは父百助の師、帆足万里の『窮理通』に集約された論でもあり、その前の三浦梅園の基本哲学でもあって、郷里、中津に流れていた儒学的精神であった。そしてこれらはまた、貝原益軒が『養生訓』で示してきた経験合理主義の精神でもあった。百助が学んだ師はこのような流れの中にいた儒学者達であった。

諭吉は「窮理学」とは「自然の顕はるゝ物の変化運動を見て其理を考えるものを経験と云ひ、故《こと》さらに人力を用ひて物の変化運動を起し其理を考るものを試験と云ふ。……経験と試験とにて実證を得れば、これを集めて其跡を追ひ、遂に一般の法則と為す(31)」というように、実証による一般規則の究明を強く求めている。こうした実証主義的態度はまさに父百助および中津における儒学的精神であったといえる。また、諭吉は先の『訓蒙窮理図解』においては、物の理に暗ければ身の養生もできず、親の病気の介抱の道も分らないと述べ、貝原益軒の『養生訓』を彷彿とさせる文を残している。

「窮理」とは、そのもとをたどれば、諭吉が一九歳のときまで学んだ儒学の基本、四書五経の中の『大学』に求めることができる。そこでは「知を致すは物に格《いた》るに在りとは、吾の知を致さんと欲すれば、物に即《つ》きて其の理を窮むるに在るを言ふなり。……天下の物は、理有らざる莫《な》し(32)」として「格物致知」を説いているのである。

「物格《ものいた》りて后《のち》知至る(33)」とは朱注によれば「物の理の極處、到らざる無きなり。知至るとは、吾が心の知る所、盡《つ》くさざる無きなり(34)」ということになる。儒学（特に朱子学）においては、後天的知を拡充して、あらゆる事物に内在する個別の理を窮め、究極的に宇宙普遍の理に達することを目的としており、「格物致知」は「格物窮理」ともいわれ、理を窮めることを目的としたものであった。

諭吉は晩年の書『福翁百話』において、物理学を行使して天の真理を探究し得るとしているのであるが、こうした物理学をもって自然の真理原則をとらえようとする態度は、儒学、特に父百助の学んだ中津の儒学精神そのものであったといえる。さらに『福翁自伝』において強調されている数理学の重要視も、父百助から兄まで、帆足万里の下での影響は大きく、諭吉の兄は算盤の高尚な所まで進んでいたと『福翁自伝』で述べられている。

諭吉はまた、天の思想においても、「……然るに宇宙の大機関は不可思議に出来たるものにして、特に之を造りたるものあるを見ず。……天道は唯不可思議に自《おのず》から然るのみにして、之をして然らしむる所のものあるを証す可らず」(35)と『福翁百話』で述べている。天は人間にとって了解不可能なものであり、また、天を創造するところの創造主も考えられない存在なのであって、「唯不可思議に自から然るのみ」(36)なのであった。

こうした諭吉の天のとらえ方、「四時行はれ百物成る」(37)というとらえ方、造物主を否定した、了解不可能なもの、すなわち「天は自然」というとらえ方は、まさに儒学的な理解の仕方(38)でもある。そしてそれは中津的気風、諭吉の育った家庭環境(亡き父百助の遺風)からきたものであったといえる。さらには諭吉が青年期に儒学とともに学んだ『老子』『荘子』の影響を受けた自然観・世界観だったともいえるだろう。

諭吉にとって自らが育った「中津」という地、および多感な青年期に受けた儒学者の父からの遺風と学風、そして自らがみっちりと学んだ儒学的教養と知識とは、限りなく精神的基底にとどまり、その後の目的合理主義的な方向からの実学思想のあとおしをしたといえる。そしてそれはまた、その後の諭吉の内にいくつかの矛盾、またはアンビバレンツな思考形態となって現れてくることにもなった。

諭吉はその天の思想から、人間は無知無力の存在であり、見る影もない小動物であって、ほんの一瞬をこの世に生き、たちまち消えて痕かたもなくなるものだとして「無常観」を漂わせてもいるのである。そしてこのような浮き世をも前提としつつ生きぬいていくこと、そのための思想が実学の思想であり、それは此の世で「独立自尊」の生活を営むためのものであった。それは一見、仏教的「無常観」とも通じるものをもっているのであるが（諭吉は『福翁百話』を著した晩年近くには仏教に親しみをもち、よく僧侶を自宅に招いて談話をしていた）、実学にも通じるこれらの思想は、基本的には儒学（朱子学）のもつ「体用論」に依拠したものだともいえる。

七　儒学的精神と実学

諭吉は一九歳で蘭学を学びはじめるまで、最も人格および教養を培うはずの一四歳頃から、みっちりと儒学を学んだと『自伝』で述べているが、そのエネルギーは驚くべきもので、儒学者の入り口くらいにはなっていたとも言っている。そうした諭吉の青年期の教養は、その後、目的合理主義的に思考し、行動していった啓蒙思想家としての諭吉の深層にたえず横たわっていたものであり、特に諭吉の言動をアンビバレンツなものとして規定してきたものでもあった。

諭吉の実学的発想が朱子学に依拠したものだとみえるのも、そうした諭吉の儒学的教養をもとにしたところに理由がある。朱子学では「体」たる「理」と「用」たる「気」の二元論と図式化でき、「形而上と形而下」「性と情」「天理と人欲」「道と器」「未発と已発」などの概念系列が「体・用」、「理・気」の対偶範疇に帰納されている。これら二つの範疇は同等で相互依存の関係とされているのであるが、「体」や「理」に優位性を認めるようになり、「体先用後」または「理先気後」といわれるようになっていった。

しかしこれら本体と作用という概念の淵源は道家思想にあるともいわれ、ここでは形ある万物（「有」）の根源に、形をこえた真実在であるところの「道」（「無」）を措定しており、「有」の営為は「無」の「用」に依拠していると考えられている。諭吉においてはそれを「人生を戯と認めながら其戯を本気に勤めて倦まざるが故に能く社会の秩序を成すと同時に、本来戯と認めるが故に、大節に臨んで動くことなく憂ることなく後悔することなく悲しむことなくして安心するを得るものなり」[39]と『福翁百話』の中で述べている。

諭吉は戯れにすぎない人生、そうみなした上で、新たに別の心の動き、すなわち物理学などを中心とした実学を行使するという、心の動きを専心活用して、真剣に勤めようといっている。ここに漂っている仏教的無常観を「浮世を棄つるは即ち浮き世を活発に渡るの根本なりと知る可し」[40]といっているように、無常観とともに、独立自尊を含めた広義の実学というとらえ方をしているのである。

諭吉はあくまでも無常観を、仏教的に「往生」することでも「涅槃」に入ることでもなく、此岸において「独立自尊」の精神をもとうとした、実学の徒であったといえるのである。そこには儒学的死生観、宇宙観が横たわっていた。それは下級武士ではあっても、武士として青年期に培われてきた儒学的死生観、すなわち士人としての死生観であったといえる。そしてそれは儒学者であった父、数え年四五歳で死んだ父百助のものでもあった。

八　原風景としての中津と父

諭吉は常に「一身独立して、一国独立する」こと、「独立とは自分にて自分の身を支配し他に依りすがる心なきを云ふ」[41]ととなえてきた。それと同時に、亡き父を偲んで「門閥制度は親の敵でござる」[42]ともいってきた。この二つは諭吉にとって最も重要なもので、そこから諭吉のさまざまな思想が形成されてきたといってよい。そしてそこには父百助への強い思いがあった。「中津」という地域性と「門閥」というシステム。それは敬愛する父を苦しめ、その一生を束縛した根源であるとして、父の無念さへの怨念ともいえるような強烈さをもってせまっていくのである。そしてそれへの解決方法が、諭吉のすべてに流れている一身独立(独立自尊)であり、そのための自由・平等であった。

諭吉は父をかばって、「大坂の藩邸に在勤して其仕事は何かといふと、大坂の金持、加島屋、鴻ノ池といふやうな者に交際して藩債の事を司どる役であるが、元来父はコンナ事が不平で堪らない。……純粋の学者が、純粋の俗事に当るという訳であるから……」[43]といっている。「左れば中津を蹴飛ばして外に出れば宜い。所が決してソンナ気はなかった様子だ。如何なる事にも不平を呑んで、チャント小緑安んじて居たのは、時勢の為めに進退不自由なりし故でしょう。私は今でも独り気の毒で残念に思ひます」(44)と一歳半のときに逝った諭吉の父に深い思いと同情とを寄せているのである。

そして中津については「中津は封建制度でチャント物を箱の中に結めたやうに秩序が立て居て……家老の家に生まれた者は家老になり、足軽の家に生まれた者は足軽になり……父の生涯、四五年間の其間、封建制度に束縛せられて何事も出来ず、空しく不平を呑んで世を去りたるこそ遺憾なれ」(45)といっている。

さらに末子の諭吉を坊主にしようとしたという父の話を母から聞き、門閥制度の中でも自分の力で名を成すことが出来る道を考えてくれた父に対して「其心中の苦しさ、其愛情の深き、私は毎度此事を思出し、封建の門閥制度を憤るとともに、亡父の心事を察して独り泣くことがあります。私の為めに門閥制度は親の敵で御座る」(46)と言い放っているのである。

こうした諭吉の父への思いは、「独り泣く」ことがあるとまでいわせているのである。そうした門閥制度は子供の交際《つきあい》にまで及んでおり、下士族の諭吉はたえず上士族の子供との遊びの中でも不平をつのらせていた。そして兄が貴賤の区別でもめごとをおこしたとき、それを見た諭吉は、独り立腹して泣いたという。そして常に「こんなところに居るものか、どうしたって出るより外にないと始終思っていた」(47)といわせているのである。そして門閥制度に不満をいう者に対しては「馬鹿々々しい。此中津に居る限りは、そんな愚論をしても役に立つものではない。不平があれば出て仕舞うが宜い。出なければ不平を云わぬが宜い」(48)といっては毎度止めていたという。

このように中津藩におけるきびしい身分制にもとづく社会を嫌悪する気持ちは、父への思いと自らの思いとがあいまって、激しいものとなっていった。そしてそれは自らが育った国、日本の封建制への批判的精神となっていった。このことは諭吉にその克服をいかにすべきかの道をさぐるべく、長崎への旅立ちを駆り立てたものでもあった。『福翁自伝』には「唾して」[49]故郷を後にしたと記されている。この「唾する」ほどの思いと、そこで培われてきたところのものとは、原風景としてその後の諭吉をたえず規定してきたところのものであり、諭吉の「二律背反」ともいえるものを生ぜしめてきたものではなかったろうか。

諭吉の「独立自尊」とは、自らの力において自らの尊厳を示せるように、そしてそれには自由と平等とが必要であるというもので、それが『学問のすゝめ』の「天は人の上に人を造らず人の下に人を造らず」になったのであるが、それはすべて中津における原体験と父への「涙する」ほどの思いから出たものではなかったろうか。そこに、父からの学風、すなわち合理的、実証的、実学的な傾向の儒学的教養とが加わり、一九歳までにして、諭吉の思想形成上の原型をかたちづくるまでになったのではないだろうか。

その後諭吉は中津を出て蘭学を学ぶようになるのであるが、そこでの啓蒙思想も、これらをもとに培われていったといえよう。そして諭吉の母もまた、諭吉が大坂に行くにあたっては、諭吉が家督を相続しているにもかかわらず、そしてたった数え年三歳の亡き兄（長男）の娘と二人だけで残されることになるにもかかわらず、「兄が死んだけれども、死んだものは仕方がない。お前も亦、余所《よそ》に出て死ぬかもしれぬが死生の事は一切言ふことなし」[50]といって送り出してくれた。母・於順も、当時においては非常に合理性をもったりアリストであったといえる。

九　諭吉にとっての故郷と家族

諭吉はその深層心理の内に、良くも悪しきも故郷をぬけ切ることは出来ず、父への思い、そして家族との生活をその後の生き方の、そして精神の基底に温めとおしてきたといえる。特に父に対しては清廉潔白の君子人で、中津藩の野本雪巌と、豊後の帆足万里に従学し、才名があり、その学流は伊藤仁斎・東涯の堀川流であったといっている。そして純然たる儒家の風格を有し、そうした家風は死後も母・於順によって守られ、生きつづけていたとくり返し述べている。

そうした父百助の姿は同郷の後輩で、百助と兄弟のように交わった中村栗園の詩にもよく示されている。百助は「修身治国」の道を求め、「実学」をめざした儒者であった。百助の親友には他に野田笛浦がいるが、二人とも詩、文などの文章家でもあった。そして明治政府にも参画したところの政事にたけた実践家でもあった。

諭吉が師事した大儒白石照山も諭吉が『自伝』で「少年の時から、むずかしい経史《けいし》を、やかましい先生に授けられて本当に勉強しました」といっているのであるが、その照山も藩の政事上の措置に抗して暇を賜わり、中津を去るに際しては家宅の大黒柱に刀で切りつけ、辞したという。また最初に師事した野本真城も藩からの咎めを受け、幽囚の身になっていたし、その子の白巌も藩の改革を支持して郷里の家に閉じ込められた。そして父と兄とが敬愛した帆足万里も藩の改革にたずさわったが忌憚され、家老の職を辞した。

諭吉はこうした父および師から受けた儒学的教養と、反骨の精神とによって、その後の活動に大きな影響を受け、その漢学的教養は「一身独立して一家独立し、一家独立して一国独立し、一国独立して天下も独立すべし」[51]という、あたかも『大学』の中の「修身斉家治国平天下」にもつながるようなことばで現わしている。『大学』においては「心正しくして后身《のち》脩《おさ》まる。身脩まりて后家斉《ととの》う。家斉ひて后国治《おさ》まる。国治まりて后天下平《たいら》かなり」[52]とある。これら、かつて諭吉が学んだところの儒学の基本経書《けいしょ》は、啓蒙思想家諭吉にとっての思想を形づける上で、大きな「否定」とともに「肯定」となって現れている。

また、父の生涯を悼み、人間自由平等の原理をとなえた『学問のすゝめ』も、「中津留別の書」に「願くは我旧里中津の士民も、今より活眼を開て……、自ら労して自から食ひ、人の自由を妨げずしてわが自由を達し」[53]と示されているように、あくまでも「独立」と「自由」を求めて著されたものであった。

これまでみてきたように、諭吉の父は漢学者であったが封建的な身分秩序を是認していたわけではなかった。身分が低い下級武士であったため、力を発揮する機会にめぐまれず、不遇のうちに生涯を終えた。そして我が子には当時、身分制から比較的自由な僧職につかせようとまで思っていた。それを諭吉は父の深い愛と受けとり、身分制の打破を強く求めていった。

当時の諭吉自身は世俗に超越的であったため、精神的にはすでに自由であり、実学という実際的な学問に対しても、それは決して出世主義を意味するものではなく、目先の利害から超越するところに学問が成立するとしていた。そこには中津での誇り高い母子での孤立生活、いな、父の遺風を守っての「孤高」ともいえる生活が、独立自尊の精神を培っていったといえる。それこそ時流に流されず、自分で考え、独立するための学問であった。そしてそうした「孤高」の人となる素地とともに、抵抗精神を育んだものも少年期、青年期の中津での生活であり、家族であり、家庭であった。

それは諭吉が『福翁自伝』において父母への敬慕の情をくり返し強調するとともに、「中津留別の書」において「人倫の大本は夫婦なり」[54]と説き、家族、家庭の大切さを強調していることからも分かる。諭吉は幼少期および青年期をとおして独立・平等・集団と伝統からの自由・合理性・実験的・数理と自然の法則の尊重などを重要な価値として内面化していたのであるが、そうした基本的な態度はこのとき（中津で）つくられたものであった。

諭吉の洋学尊重は、決して一九歳で洋学に接する以前の自己を否定して、新しい自我を求めたものではなく、伝統の「否定」とともに、「継承」の要素を強く含んでいた。そうした伝統、すなわち儒学的側面の否定と肯定とは、早い時期から常に生じていたものであり、複雑に葛藤していたことが、諭吉の思想と行動とを複雑にし、また柔軟にし、強固なものにしていった。

諭吉は近代日本におけるたぐい希な政治的リアリストともいわれるように、対外政治論においても理想と現実とを決して忘れることはなかった。また、目的のためにはプラグマティックに西洋文明をとり入れようとしたリアリストでもあった。あそこまで憎んだかにみえた「中津」に対しても、実際に中津をあとにする時には「中津留別の書」にあるように「人誰か故郷を思はざらん」といっており、「誰か旧人の幸福を祈らざる者あらん」とも述べている。

諭吉には「多方面、多角的」で「妥協もあり非妥協」もあった。常に状況を判断した上で発言し、二者択一することは意味をもたないとした。これらは諭吉の多くの著書に表れている。諭吉はいざ中津を完全に後にするというときに書いたこの「中津留別の書」ではこのような心の動きとともに、洋学が今日の日本において国家的にいかに大切かを次のように述べている。「我輩の着眼、皇漢洋三学の得失を問わず、独り洋学の急務なるを主張する所以なり」と。このように諭吉はプラグマティックに洋学へと向かっていったのであった。

いずれにせよ、儒学者帆足万里門下の父と、万里の影響下にあった兄とに、諭吉は思想を形成する上で大きな影響を受け、それが生涯までも運命づけたということはいえるであろう。

三　諭吉と『学問のすゝめ』

一　門閥制度批判から業績主義へ

明治維新後、新政府は何回もの公式使節団を欧米に派遣した。一八六〇年に幕府が送った最初の遣米使節団の中には福沢諭吉が勝安芳（海舟）の供としていた。その後は毎年のように使節や留学生が派遣され、それらの経験をもとに多くの書物が出版された。そして西欧諸国の事情とその啓蒙とに役立った。福沢諭吉や田口卯吉らによって海外の思想や知識が多く紹介され、諭吉は『文明論之概略』において物質的、制度的な成果だけではなく、文明をつくり出す「精神」に対しても深い関心を寄せ、その摂取とともに伝達に努めていった。

諭吉を先頭とする西洋思想に通じた知識人たちは、ベンサム（J.Bentham）やJ・Sミル（J.S.Mill）、スペンサー（H.Spencer）などの思想を導入しつつ、新時代は業績と実践の時代であると呼びかけた。そして人間の権利は平等であり、各自が自分の努力によって富を手に入れたのならば、それは決して恥ずべきものではないとした。それは諭吉の『通俗国家論』の「国を富ます法とて特別に其手段あるに非ず、唯全国の人民が人々の私を営んで一身一家を富ますより外ならず」という主張によく示されている。そのための基礎的条件を述べたものが『学問のすゝめ』であった。

『学問のすゝめ』は諭吉がわかりやすく身分制の打破を説くとともに、平等のもとでのフェアーな競争を求めたものであった。ここで諭吉は各個人は出発点においては同じ権利をもつべきであるが、自らの努力によって富を獲得した後は、それを示すにはいささかの恥もないとして、個人の業績の達成を謳いあげた。

それは「天は人の上に人を造らず……」ということばの後に「されど今広く此人間世界を見渡すに、……かしこき人あり、おろかなる人あり、貧しきもあり、富めるもあり……」と述べた上で「其有様雲と泥との相違あるに似たるは何ぞや。其次第甚だ明なり」とし、その差は「学ぶと学ばざるとに由《よっ》て出来るものなり」としているのである。

こうした人間平等をうたった冒頭のことばと、次にくる貧富賢愚の差をみとめたようなことばとは一見、矛盾するようにみえるのであるが、これはこのあと「同等とは有様の等しきを云うに非ず、権利通義の等しきを云うなり」とはっきり述べているのである。すなわち、諭吉は出自により身分の決まるような「門閥制度」（父百助を生涯しばりつけたところの、親の敵でもあった）を批判し、機会の平等を求めたのであるが、結果の平等を求めたのではなかった。諭吉はあくまでも学問をとおし、自由に参入することを許した平等と、業績主義とを強く求めたのであった。

それは新しい社会秩序は、人々の欲望が交換関係のもとで互いに媒介されることが可能な、市場秩序に基づくものであることを示すものであった。諭吉は近代資本主義のもつ市場主義社会を形成するには、「平等」および「社会的流動性」が必要であるとして、そのための「機会の平等」、「学問による社会的流動性（業績主義）」を求めたのであった。すなわち、結果の平等ではない、参入の自由（機会の均等）が能力や努力を要求し、またそれらによって欲求の達成が可能だとしたのであった。

諭吉が求めた市場主義の社会は「自由」と「平等」とによって成される社会であるが、そのもととなるものは「独立」であり、自由のためには「独立」は必要条件であった。諭吉は「独立自尊」を強くいったのであるが、それは「他人の知恵によらず」、「自ら自身を労して私立の設計を為す」ことであり、それこそが他人との従属関係を廃して、独立した立場において自由に交わることを可能にするところの、真の「自由」を得られる基であった。

たとえ封建的な身分制度はなくなったとしても、国家の構成要員である国民が、独立の自負心を培っていかない限り、一国の独立は難しいと考えたのである。『福翁自伝』でも述べているように「如何でもして国民一般を文明開化の門に入れて、此日本国を兵力の強い商売の繁昌する大国にしてみたい」というのが最大の目的であった。この目的達成のためには西洋の「精神」、とりわけ独立自尊の精神が大切だったのである。

諭吉の「一身独立して一国独立する」という考え方は、欧米列強諸国をつぶさにみてきた諭吉の、日本国に対する強烈な危機意識の表われであるとともに、「自由」、「平等」、「独立」を強く求めることによって、近代の市場主義による秩序と経済思想とを培うことができるよう、青年の育成にも情熱を燃やしたのであった。

しかし諭吉は西洋に対する無批判的な礼賛者ではなく、自らの思想においても「我学問は独立にして西洋人の糟粕を嘗めるなきを欲し、我商売は独立して彼れの制御を仰ぐなきを欲し、我法律は独立して彼れの軽侮を受るなきを欲し、……」と「時事新報」(明治一五年)で述べている。

諭吉が『学問のすゝめ』で最も強調したことは、人は生来貴賤上下の別をもつものではなく、まったく平等であるべきであるが、学問の有無、才能の如何によって賢愚貧富の差が生ずるのであるから、学問をして一身、一家、国家の独立を計らねばならない、というものであった。これらはイギリスの功利主義、実証主義、自由主義などの思想にもとづくものであり、天賦人権論の思想を強く表すとともに、国家に対しては国家契約説をもって説明した。元来人民と政府との間柄は同一体であるとし、ただその職分を区別し、その役割を約束しているにすぎないとする社会契約説でもあった。

二　長崎への旅立ち

諭吉は、父百助の詩の冒頭にあった、救われることのない哀れな民への同情と、それを救い得ぬ政治社会への憤りを、その後の日本の近代化と国民の自立的精神の中に大きく取り込んでいった。諭吉の西洋思想の導入は、あくまでもそうした父の影響および、それを可能とした儒学的教養がその深部において大きく働いていたといえる。

諭吉は先にみたように『福翁自伝』で父のことを思い「……父の生涯、四五年の其間、封建制度に束縛せられて何事も出来ず、空しく不平を呑んで世を去りたるこそ遺憾なれ」と語っている。中津藩におけるきびしい身分制にもとづく社会を嫌悪する気持ちは、父への思いと自らの思いとを含め、激しいものがあった。そしてそれは中津への嫌悪と憎しみの情となり、さらには自らが育った国、日本の封建制への批判的精神ともなっていった。また、この本質をよく知り、その克服をいかにすべきかの道をさぐるべく、長崎への旅立ちを駆り立てられた。

諭吉が一九歳にして蘭学を学んだのは緒方洪庵の適塾であったが、そこにおいて諭吉が受けた影響も大きなものがあった。緒方洪庵も蘭学者ではあったけれども、その息子の教育においては、先ず漢学（儒学）を学ばせているのである。彼は息子達に二〇歳になるまでは漢学を修めよ、といっており、その命に従わずに勝手に洋学に走った息子達に対しては、勘当を与えているのである。したがって諭吉が学んだ緒方洪庵の適塾も蘭学塾とはいえ、日本の伝統思想を完全に否定するものではなかった。

塾における教育、指導には洪庵の義弟である緒方郁蔵がよき協力者となっていたのであるが、後に彼が開いた蘭学塾の塾則には、その第一に「蘭学を学ぶと雖《いえど》も、常に我が朝の道を守り、国体を失すべからず」とあった。この適塾の意味は適々塾ともいわれ、『荘子』の「人の適を適として、自ら其の適を適とせざるもの」（大宗師篇）[1]という句からきているといわれている。

「適を適とす」ということは、自分の心に適することを適とするということであり、自分たちは己の適とするところを適として、自分たちの思い通りに学ぶという自主独往の精神を示したものだともいわれている。したがってそこに集って学ぶ者もまた、己の適を適とする者であり、自由の徒であった。諭吉の「独立自尊」

の精神もこのようなところにあったといえる。

適塾には諭吉が書いた漢詩が掛けられていたのであるが、そこには次のような詩が書かれていた。

「適々豈に唯だ風月のみならんや　渺茫たる塵界自ら天真　世情説くを休めよ意の如くならずと　無意の人は乃ち如意の人」(2)と。この詩にみられるように、諭吉も独立自尊を標榜し、自ら「その適するところをたのしむ」態度を貫いてきた。諭吉がこの詩を詠んだのは師洪庵の生き方とともに、その生き方に大きく影響された諭吉の生き方を示したものでもあった。

洪庵は武士を棄て、医学の道に進むとともに、蘭学という当時の学問としては異端ともいえるものに精進し、己の好むところに情熱を注いでいった。それは己の適するところを楽しんだものであった。それは諭吉にとっては、この世界を切り拓いていく、たくましい力となって映っていたともいえる。それと同時に、父百助の「金銭などを取り扱うよりも、読書一辺の学者になって居たい」(3)という思いへの応えでもあった。

洪庵のもとで学んだ時間は短かったけれども、最も多感な青年期において得た漢学的教養とともに、師洪庵から得た独立心の偉大さは諭吉の思想的、精神的基礎として深く根付いていった。それは諭吉の『文明論之概略』においては「人民の自立」、「独立不羈」などという言葉で示されているが、『学問のすゝめ』においては「人民の独立の気力」として記されているのである。そしてそれらは西洋の精神、文明の進歩にとっては必要不可欠なものとされたのである。

また、自由貿易の旗のもと、実は武力をもって威嚇しつつ東漸しているヨーロッパ列強に対し、国民的自立を保持するためには、西洋の制度と思想を模倣するしかなかったともいえる。したがって諭吉は西洋思想の啓蒙とその日本への適用に尽力した者ではあったが、その西洋受容においては決して西洋一点張りであったわけではなく、その核心には伝統的思想（儒学思想）がさまざまな形で横たわっていることを見過ごすことはできない。

諭吉は漢学（儒学）に対してかなり否定的であったとはいえ、当時の洋学者たちのことを考えたとき、漢学的素養は大きな部分をしめていた。漢学の素養があってはじめてさまざまな能力（作文力も翻訳力も）が与えられたのであり、諭吉もそうした素養のもと、適塾で蘭学を学んだといえるのである。そこでの学びは「窮理学」（自然科学や西洋物理学）であったが、窮理は本来日本における儒学が非常に重視したものであった。したがって儒学や蘭学を通じて培った理論的思考力が、合理的なものの考え方や、目的的な実学的方向を諭吉に与えたといえる。

三　諭吉にとっての「独立自尊」

諭吉にとって学問の出発点である儒学は、中津藩より出発したものであった。同時にそこで封建的門閥制度や人間関係に対する激しい矛盾や憎しみも知ったのである。しかし諭吉の中津藩での漢学的教養は親兄弟や先輩・友人への愛、そして郷里と祖国への愛をより深く知らしめたものでもあった。

それは諭吉の「時事新報」の社説の中の一文からもよみとることができる。「……人間世界は人情の世界にして道理の世界に非ず、其有様を評すれば七部の情に三部の理を加味したる調合物とも名づく可きほどのものにして……」とあるように、そしてまた、郷里中津の人に宛てた書簡に「小生は中津人にして中津人にあらず」と言いつつも、「旧里のことは丸で棄て難きものなり。是亦人生の至情ならん」と続けていることからもわかるのである。

さらに、母を迎えに帰郷した後、郷里を去るに当たって青年達に書いた一文「中津留別の書」には「一身が独立して一家が独立し、一家が独立して一国が独立することができる」(4)と書かれている。先の郷里の人に宛てた書簡は日本的儒学のもつ、情（感性）の中に理（理性・合理性）を強く求めたものだということができ、西欧における理性、合理性中心のものとは大きく異なるものであった。

また、留別の書の「一身独立して」という文には「……天道に従って徳を修め、人の人たる知識見聞を博くして、物に接し、人に交わり、一家の生計をたててこそ……」(5)という前文がついているように、これは儒学の「四書五経」の中の『大学』にある「修身斉家治国平天下」に疑似する思想であるようにもみえる。身を修め（すなわち学び、知識や見聞を博くし）てこそ家を治める（斉える）ことができ、そこではじめて国も治まり（立ち）、天下が平らかになる（争いがなく、それぞれが独立している状態）というものと似た思考方法だといえる。

諭吉のこの「一身独立して」は個人主義、自由主義的西欧の啓蒙思想であるといわれているが、ここに出てくる「天道に従って徳を治め」の「天道」とともに、儒学思想をそのベースにした上で、一国が独立するために目的的に構築された啓蒙思想だということができる。それは諭吉が学んだ適塾において、人間は身分的関係によって他律的に行動すべきではなく、自己の考え方と思想とによって行動すべきであるということを自覚させられたためであるともいえる。

そして「人間の天性としての自主自由」という言葉とともに、人間は大自然、大宇宙のなかでは自由であるということばは老荘思想に、そして「天性」は儒学思想にその源流をみることができる。諭吉の「自主自由」および「独立自尊」という近代的人間観は社会、国家、超自然（天）すなわち「天下」の独立という宇宙観につながるものであり、それらは天の思想、すなわち儒学的精神によるものであった。

四　国家の独立と文明開化

諭吉が求めた市場主義の社会は「自由」と「平等」とによって成される社会であるが、そのもととなるものは「独立」であり、自由のためには「独立」は必要条件であった。諭吉は「独立自尊」を強くいったのであるが、それは「他人の知恵によらず」、「自ら自身を労して私立の設計を為す」ことであり、それこそが他人との従属関係を廃して、独立した立場において自由に交わることを可能にするところの、真の「自由」を得られるもとであった。

たとえ封建的な身分制度はなくなったとしても、国家の構成要員である国民が、独立の自負心を培っていかない限り、一国の独立は難しいと考えたのである。『福翁自伝』でも述べられているように「如何でもして国民一般を文明開化の門に入れて、此日本国を兵力の強い商売の繁昌する大国にしてみたい」というのが最大の目的であった。この目的達成のためには西洋の「精神」、とりわけ独立自尊の精神が大切だったのである。

諭吉の「一身独立して一国独立する」という考え方は、欧米列強諸国をつぶさにみてきた諭吉の、日本国に対する強烈な危機意識の表われであるとともに、「自由」、「平等」、「独立」を強く求めることによって近代の市場主義による秩序と、経済思想とを培うことができるよう、情熱を燃やしたものであった。

しかし諭吉は西洋に対する無批判的な礼賛者ではなく、自らの思想においても先にみたように「我学問は独立にして西洋人の糟粕《そうはく》を嘗めるなきを欲し、我商売は独立して彼れの制御を仰ぐなきを欲し、我法律は独立して彼れの軽侮を受るなきを欲し、……」と「時事新報」(明治一五年)で述べているのである。こうしたコスモポリタン的なとらえかたがある一方で、後半の『学問のすゝめ』や『文明論之概略』は、「中津留別の書」の中で述べられているように、郷里中津の青年達へのよびかけの書であった。

『学問のすゝめ』は「天は人の上に人を造らず、人の下に人を造らず」ではじまっているが、この西洋近代の自然法にもとづく天賦人権の思想は、孔子・孟子のとらえた「天」という儒学的な思想が入ったものだともいえる。また、学問によってのみ貴賤の差がでてくるとするとらえ方も、儒学思想のもつ崇文思想「有教無類」にそのもとがある。

さらに、その学問とは何かというとき、それは日用に役立つ「実学」のことであり、「よみ、かき、そろばん」からはじまり、地理、窮理（物理）、歴史、経済、修身などを習うことであるとしているのである。これはまさに江戸時代から日本的儒学が培ってきたところの特性（価値合理性ではない、目的〈経験〉、理性を希求した合理性）ともいえるものであった。また、学問をするにあたっては、「分限を知ることが肝要」であるとしているが、この「分限」という概念もやはり儒学の中心概念「中庸」から生じてきているものだといえる。

さらに『学問のすゝめ』の初編における「理のためにはアフリカの黒人に対しても恐れ入り、道のためには、イギリス、アメリカの軍艦も恐れてはいけない」というときの「理」および「道」はまさしく儒学、特に日本的儒学のもつ「理」への傾倒のあらわれとみることができる。

後半の論吉の小論の中には「私の利を営む可き事」というものがある。これは「私があえて人にすすめるに公平無欲をもってせず、むしろ私欲を逞しくするように祈るゆえんである」というものであるが、彼にとっては私欲と公益とは一致しなくてはならないものであり、どちらもそれぞれの立場から必要だというものであった。

これもすでに二宮尊徳が「欲に随《したが》いて家業を励み、欲を制して義務を思うべきなり」といっているように、日本的儒学思想をもとにした日本の特殊性が自由主義、個人主義という普遍性を導きだしたといえる。

こうした目的合理主義的な精神と、社会の内に功利主義的な動機を求めたことも儒学の「天理」より導かれてきたものであるといえるが、それは諭吉の内にも強力に受け継がれていたのである。

五　文明開化と儒教批判

諭吉は西洋文明を最高のものだと考えたわけではなかったが、当時の日本にとっては、国の独立を保障するには、西洋の文明をひたすら採用するしかないと思っていた。そして日本が「半開」の段階にあったのは孔孟の教え（儒学）を世に伝えていたからであるとした。すなわち儒学は君主と人民の間を異類のものとし、上下の定式をあらゆるものに設けた愚民政治、すなわち、舜が行った神政政治がそのもとにあるとした。孔孟の教えである「徳治」も道徳による支配であるために、政治と道徳とが分離しておらず、聖人、すなわち有徳者が政治的支配者であるところの政教一致であるため、思想の自由が禁止されている、ということへの批判であった。

また、儒者に対しても古を信じ、古を慕って少しも自己の工夫を交えず、精神の奴隷として、自己の精神のすべてを古の道に捧げている、として厳しい批判の目を向けている。しかしそれは必ずしも諭吉の中に漢学的（儒学的）教養がぬぐいさられていたということではなく、これまでの儒学が果たしてきた社会的役割についての批判であって、そこにある哲学的精神や基礎的教養をぬぐいさろうとしたものではなかった。

『文明論之概略』においても諭吉は繰り返し「余の独立は目的である。今のわが文明は、この目的を達するための手段である。……文明でなければ、独立を保つことはできない」[6]と言っている。諭吉は父百助の親友で儒学者の中村栗園に書いた手紙の中でも「孝悌道徳は形を以て教えるべきものではない」とした上で、自らは儒学に反対というよりも「儒者流」に反対しているのだということを述べている。それは儒学の内においても、とるべきところはとる、ということであって、その思想哲学のすべてを否定しているのではない、ということを示しているのである。

たとえば諭吉は、物理学(自然科学)を知的教育の基本(実学)として重視しているのであるが、それは物理学が「一々その働きを見て、その原因を究むの学」として、人類普遍の学問であるとしたためであった。しかし、この物理学、すなわち窮理学こそ、朱子学(儒学)のもつ最大の概念であって、日本の儒学が他の東アジア諸国との違いをきわだたせているところであるともいえる。

日本においてはこれを非常に重視しているために、孝悌道徳に関しても、日本と他の東アジア諸国との間には違いがあり、日本は他と比べたら孝悌道徳に対するウェイトは低いといえる。さらに諭吉は必要とあらば周公や孔子、仏教の教えまでも利用しようとする目的的なとらえ方をしているのであるが、それも日本的儒学のもつ特徴(特殊性)といえる。それらは諭吉の官民調和論によく示されている。

一八七八年(明治一一年)に発行された『通俗民権論』において諭吉は、民権が大いに伸びるべきことを述べると同時に、同月出された『通俗国権論』においては、国権を説いているのである。それは民権のみを論じては世間に誤解をまねくと思い、ともに同月発行となるようにしたものであった。すなわち諭吉は民権を主張するところの個人主義とともに、国権を主張するところの国家主義をともに強調したのであった。それは諭吉が最も理想とするものは国家のうえにあったということである。すなわち、諭吉の個人の独立および発達、ひいては国家の独立および発達も、官民の調和なくしてはありえない、一致協力しなければなしえない、という諭吉の主義、思想を遂行するための、非常に目的的なものだったのである。

自由と権利とを伸ばすことが個人の独立の基であるという強い目的意識のもと、その遂行のためになされた合理的方法であった。その意味でも諭吉はただ外国思想の啓蒙家というだけではなく、四民平等という維新時の目標をかかげ、その遂行のためには官民争うことなく互いに調和し、一致協力して強固な国家をつくらねばならないというものであった。そのためには、国民に自由独立の気風を養成させるための速やかな立憲政治が必要であるというものであった。

諭吉は機に臨み、時に応じて官民調和を説いたのであるが、それは諭吉にとっては非常に目的合理主義的判断であったといえる。そしてそのためには「妥協」と「調和」の必要性を強く説いたのであった。それらはまさに儒学的教養が与えたところの儒学的精神（和と中庸）によるものだともいえる。

六　「理」と「情」

諭吉は明治の代表的啓蒙思想家として知られているが、啓蒙運動においては人間精神を左右するものとして、理性にもとづく合理性を最も重要なものとしている。それは諭吉の著作中にて何度も窮理、すなわち科学的原則を知ることの大切さが述べられている。しかし、諭吉は『通俗道徳論』において、道徳の問題に関しては合理的な説明を慎重に、これを否定しているのである。本来啓蒙思想家は道徳に関しても合理的説明をしりぞけることはあり得ないのであるが、諭吉は人間世界は「理」だけではなく、「情」によっても大きく支配されるものであることを強調しているのである。

それは『通俗道徳論』において「人の此世に在るは理と情と二つの働きに支配せらるるものなり」と述べており、「理」と「情」とはそれぞれに特有の分野を有していて、互いにその分野を侵されることはないということを強調しているのである。これは諭吉が「時に応じた判断」をするということと同時に、「理」（合理性）と「情」（非合理性）の両者をあわせもっていたということであり、それは一般にいう啓蒙思想家とは異なった、日本的儒学の精神を体現しているからだともいえるのである。

諭吉は文明と独立という大義を根底にもちつつも、現実に即しては非常にプラグマティックな対応をとり、イデオロギーにも宗教にも殉ずることなく、すなわち思想を方便としつつも、リベラリストにもならず、ナショナリズムにも溺れることなく、目的的に態度を変えることによって日本の近代化に尽くしてきたということができる。

諭吉は個人の信条としては宗教を信ずることはなかったが、重要な経世の要具としては熱心に宗教の振興を論じ、宗教の「必要なること」[7]を語ったのである。その意味においては諭吉には「原理原則のある哲学」がなかったということもでき、思想家というよりも実践者であるということもできる。それは「体系的哲学」がなかったということにもなるのであるが、それはまさに近世から近代にかけての日本の精神的姿であるといえ、儒学的精神に培われたところの啓蒙思想家、諭吉の姿でもあったといえる。諭吉の思想が「常に変わる」という点だけが変わらなかった、といわれるように、これも儒学的教養（君子豹変する）や「時と場」とを選んだ処方、または待機療法的なものの結果であるといえる。

たとえば『文明論之概略』の結語ともいわれる最終章において、諭吉は「国体論の頑固なる……民権興起の粗暴論……忠臣義士の論も……儒者の論も仏者の論も……加之彼の暗殺攘夷の輩と雖も、……必ず一片の報国心あること明に見る可し。……君臣の義、先祖の由緒、上下の名分、本末の差別等の如きも、……文明の方便なれば、概して之を擯斥《ひんせき》するの理なし」といっているのである。また『福翁自伝』の最後の「仏法にても耶蘇教にてもいずれにしても宜しい、これを引き立てて多数の民心を和らげるようにすること……」[8]も、すべては文明の方便だといえるのである。ここに近代における日本の精神思想をかいまみることができるのであるが、これはまた日本の近代化以降における日本の「特殊性」であるともいえる。

『学問のすゝめ』には「誰か本国の富強を祈らざる者あらん、誰か外国の侮を甘んずる者あらん、是即ち人たる者の常の情なり」とある。ここに出てくる「情」も、そしてまた、これまでの「清濁併せ呑む」態度も、西欧近代思想のもつ理性と合理性とに裏打されたものとは言いがたいものである。諭吉は『福翁自伝』の最後で述べているように、非常にプラグマティックな、それでいて非常に「日本的」な目的合理主義的哲学（思想様式）をもっていた。

たとえば諭吉は『学問のすゝめ』の第三編で「一身独立して一国独立する事」を述べているのであるが、それは国家の独立という目的を真剣に考えていたためであった。また『文明論之概略』においても西洋文明を概略すると同時に、日本文明の独立性を述べ、半開の国（発展途上の国）日本が、西洋文明を目的としていることを強く述べているのである。(9)

すなわち「独立」ということを強く意識することは、「外国へ対して自国を守るに当たり、某国人に独立の気力ある者は国を思ふことに深切にして、独立の気力なき者は不深切なること、推《おし》て知る可きなり」(10)なのであって、そのために必要なことが「一身の独立」なのであった。それには「学問」というものがいかに大切であるかということ、そしてそれは万民に開かれた平等な権利であり、義務でもあるということを『学問のすゝめ』で強調しているのである。

七　「普遍性」への探求

このように諭吉は西洋の文明をただ移入することを目的としたのではなく、そこには多くの、そしてさまざまな欠陥はあるが、それがめざしている「文明」は当時の日本にとっては目的にするに足るものだとしたためであった。それが幕末、あるいは維新時において活躍した多くの知識人の中にあった、洋の東西を問わず存在すると考えられていた「普遍性」への探求でもあった。

そしてその存在を認めていたからこそ、当時の知識人達のほとんどが幕末期の青年時代、儒学（四書五経）を学びながらも、そこから政治・経済・科学・芸術・哲学等あらゆる西洋文明を理解する力を得、維新後、諸方面における活動にたずさわることを可能にしたといえるのである。そして、それらを江戸時代をとおして、日本的「普遍性」として確立したものが「理」の概念であった。

諭吉は『学問のすゝめ』の中で「日本とても西洋諸国とても、同じ天地の間にありて、同じ日輪に照らされ、同じ月を眺め、海を共にし、空気を共にし、情合相同じき人民なれば、こゝに余るものは彼に渡し、彼に余るものは我に取り、互に相教へ互に相学び、恥じることもなく誇ることもなく、互に便利を達し、互に其幸を祈り、天地人道に従て互の交を結び、理のためにはアフリカの黒奴にも恐入り、道のためには英吉利、亜米利加の軍艦をも恐れず、国の恥辱とありては、日本国中の人民、一人も残らず命を棄てゝ国の威光を落とさゞるこそ、一国の自由独立と申すべきなり」[11]と述べているのである。ここにある「天地人道」や「理」および「道」は儒学的なものといえる。

それは一言でいうならば「理」、すなわち西洋でいうところのロゴス（logos）であるともいえ、諭吉は「理」という、西洋においても、そしてまた日本においても共通の普遍的な真理の存在することを信じ、その「理」のためには、「アフリカの黒奴にも恐入る」態度を示しているのである。このように「理」（天理人道）においては西洋、東洋の別はなく、一つの「理」のもとに、互いに学び、便利を供し、幸を願うという姿勢は、内面における善（良心）をふくむと同時に、あらゆるものから自由であるということでもあり、それこそが諭吉の求めた理想の文明社会であった。

したがってそれは必ずしも西洋文明をさしているわけではないが、欠陥をふくんではいるものの、西洋文明をよすがとして、日本を理想の文明社会へと近づけようとしたものであった。それゆえ、諭吉にとってそれは、東洋における神儒仏であってはならないものでもなく、さりとて西洋文明のまるうつしでもないものであって、あらゆるものから自由である中で、ひたすら真の、理想の文明を求めて、日本を文明開化させようとしたものであった。

そこで諭吉は理想の文明観を『文明論之概略』において「何事を指して文明となるや」[12]と自らに問いかけるとともに、その答えを「文明とは人の身を安楽にして心を高尚にするを云ふなり、衣食を饒にして人品を貴くするを云ふなり。……文明とは人の安楽と品位との進歩を云ふなり。またこの人の安楽と品位とを得せしむるものは人の智徳なるが故に、文明とは結局、人の智徳の進歩と云うて可なり」と言っているのである。このように諭吉は精神の進歩を文明発達の根底においたのであって、必ずしも西欧化のみを求めたのではなかった。西洋文明における欠陥も認めるとともに、それを東洋の道（人倫）とも照らしつつ批判すると同時に、あり得べき道を「精神の進歩」に求めたのであった。また、「衣食を饒」という経済的側面は、あくまでも人品を貴くするためのものであって、決して単なる近代化のみを求めたものではなかったともいえるのである。

これらはある意味で、渋沢栄一とも通じるところをもっている。自由と独立とを、一身としても、また国家としても維持し、人品、礼節を高らしむるためには、そしてまた、精神的な進歩をもたらすためには、経済（衣食足ること）が必要だったのである。それを渋沢栄一においては『論語』という精神的支柱とともに、「算盤」という経済行為が、決して乖離しているものではないということを強調したのであった。

八　諭吉と栄一

渋沢栄一も物心つく頃から父より『孝経』、『小学』、『大学』、『中庸』、そして『論語』を学び、その後は従兄弟から「四書五経」を学んだのであった。一七歳のとき、栄一は諭吉と同じく身分制の問題にぶつかった。それは諭吉が「門閥制度は親の敵でござる」[13]といったのと似ている。江戸時代は封建的な身分制度が永遠の社会秩序として確立され、正当化されたが、そのイデオロギーとなったものが儒学であった。こうした身分制イデオロギーに対しては栄一も諭吉も大きな批判精神をもっていた。

栄一はその後、経済界で活躍するようになるのであるが、そこでは道徳と経済との一致に最も心をくだいた。道徳を失った生産殖利をいましめると同時に、道徳のみに偏って生産殖利に疎くなることもいましめ、道徳、経済ともに完全に進むことを求めつづけた。それはA・スミスの求めた倫理道徳と経済との一致と似たものをもっていた。

栄一はその著『論語講義』の中で「余は明治六年に官を退き、身を実業に委ねることになった。……余は商工業を隆盛ならしむるには、小資本を集めて大資本となる合本主義を行い、すなわち会社組織に拠らざるべからずと信じて、敢えて第一銀行を組織しその他各種の会社組織に微力を尽くしたのである。そもそも会社を経紀するには、第一に必要なるはこれを経紀する人物の如何にあるのである。その当局者に相当の人物を得ざれば、その会社は必ず失敗に終わるべし」(14) と述べており、その倫理性を強く求めるとともに、その基準を儒学、特に『論語』に求めたのであった。

同じく、この書の次には「余は仏教の知識なく耶蘇教に至ってはさらに知るところはない。……儒教ならば不十分ながら幼少のときより親しんできた関係があり、特に『論語』は日常身を持し世に処する方法を一々詳示せられてをるを以て、これに依拠しさへすれば、人の人たる道に悖《もと》らず、万事無碍圓通《むげえんつう》し、何事にも判断に苦しむ所があれば、論語の尺度を取ってこれを律すれば、必ず過ちを免るるに至らんと確く信じたり」(15)

と述べている。栄一にとって『論語』を通じての儒学のもつ「理」は、自己自身の生き方のバックボーンであると同時に、「普遍的」なものへの追求でもあった。

儒学の「理」はすなわち「道」であり、人の踏まねばならぬものであった。これは「道理」ともいえるもので、「理天地を生ず、未だ天地あらざる前、先ず此の理あり」といわれるものであって、人間の踏み行うべき筋目でもあった。栄一はこのような「道理」にしたがって標準を立てたのであるが、それには諭吉と同じように「仏教」でも「クリスト教」でもよいとしているのである。栄一にとっては道理の鑑別には標準を立てておく必要があるが、それは必ずしも儒学でなければならないというものではなく、あくまでも「普遍的」なものへの追求であった。

これは明治における啓蒙思想家の一般に通じる考え方ともいえるものであるが、「理に耐える信仰」こそが必要なのであって、それが道理に合したものでさえあれば、神、儒、仏、キリスト教の別はなく、究極の道理を求めたものであった。こうした状況的、目的的なとらえ方は近代日本の倫理思想の中では栄一だけではなく、諭吉においても、そしてそれ以前には二宮尊徳、石田梅岩他にもみられる倫理思想であった。

栄一はこうして人としての道（道理）をその道徳的標準においたのであるが、その道とは何かというと、それは「義」によって示されるものであった。したがって「会社を経紀する」には「義」をもってしなければならず、その「義」とは正しさであった。それがあってこそ「利」は完うされるのであり、「利」によって「利」を完うすることはできないのであった。すなわち義と利とが相伴わなければ、利益というものは完全に維持していくことも、得られるものでもないとしたのである。

それは真正の利は義によらなければならないということであり、『大学』に「此れ国は利を以て利と為さずして義を以て利と為すを謂う」(16)とあるように、道理に適わぬ利というものは決して永続するものではないことを示しているのである。ここに栄一の「義利合一」がある。そこには道理、すなわち「理」があるのであって、その理に基づき「利」が存在するとしたのであった。そこにはやはり「格物致知」の精神があり、天地万物の本源にまでさかのぼるのであって、その本源を究むるにはやはり知がなければならないとした。

九　儒学における「理」と文明

『大学』には「知を致すは物に格《いた》るに在り」(17)とある。「致す」とは極知のことであり、純粋なる知でなければ、物に格ることはできないのである。そしてこの知は「道」に通じるものであり、普遍的な真理であった。それが栄一においては「天」であり、「天」の理にてらして正理を求めていったのである。そしてそれは孔子自ら天に則り、そこに全宇宙、全世界的な普遍性を求めていったところのものであった。

『大学』の中に「明徳を明らかにする」とあるが、学問を進めることによって、真の理(道理)が窮まり、文明が進むとするもので、それこそが諭吉の求めた「文明」なのであり、洋の東西を問わず存在するところの理想の「文明」なのであった。それを実行しようとしたのが「文明開化」であり、それは西洋の文明を手がかりとしての日本国および日本民族の自立であった。そしてそれが諭吉のとなえた「独立自尊」なのだった。

『中庸』には「誠なる者は天の道なり。これを誠にする者は人の道なり」[18]とあるが、栄一はこの天の道と人の道、すなわち「理」を経済との関係において強く求めたのであった。これは諭吉の「天理人道」の思想と相通じるもので、これを栄一は経済において、そして諭吉は政治・社会・文化の面において、その価値判断上の中心的概念とし、それらの判断基準にしたのであった。

栄一は貨殖の道は経世（世を治めること）の根本義であるとして、貨殖の道を外にしては経世の方法はないとした。それが栄一の『論語と算盤』となるのであるが、そこには「天理人道」に照らした、正当な、道理の伴った富への追求があった。それは『孟子』に「恒産無くして恒心有る者は、惟々《ただ》士のみ能くするを為す。民の若きは則ち恒産無ければ因《よ》って恒心無し」[19]とあるように、「衣食足って礼節を知る」のである。人の厄介にならず、独立独行していけるだけにならなければ、道徳は完全に行えないものであり、「道」と「利」、すなわち「道徳」と「富貴」とは決して離れることのできないものなのであった。

栄一は『論語』（里仁篇）における「富と貴とは、是れ人の欲する所なり。其の道を以てせざればこれを得るも処らず、不義にして富み且つ貴きは、我に於て浮雲の如し」[20]をもとに、義（正しさ）や道（理）の伴わない利は真正の利とか富とか称することはできないとした。国家における利の追求に関しても、『大学』の「此れ国は利を以て利と為さず、義を以て利と為すを謂う」[21]をもとに、そこに義（正しさ）を強く求めたのであった。

儒学における指導理念の第一は、人の守るべき義・理としての「道」である。しかしそれは経済生活と無縁なものではなく、豊かになること、すなわち富貴そのものは万人が欲するものであって、決して悪しきものではないのであるが、それを獲得する方法が問題だとしているのである。すなわち不義不理によって得た富貴は、天上の浮雲のように、いつ消散するかわからない頼りないものだとして、不義に基づく富貴を厳しく戒めているのである。[22]

儒学思想の影響下におかれていた江戸時代、たとえそれが純粋に義にもとづいた行為ではないとしても、人のために労する心情さえあれば、おのずと利に通じるものであるということが信じられており、そうした経済倫理思想が商人達の行為を律する役をになってきた。栄一も幕末から明治期にかけての我が国の資本主義の形成期において、一番考慮したことは伝統的な儒学的風土であった。

これまでの日本人を支えてきた精神、思想をもう一度『論語』をもとに見直すことによって、資本主義を移植しようとしたのであった。栄一は日本の儒学的精神を止揚したところの、大いなる合理的精神をもってこれらを遂行していこうとしたといえる。その点は諭吉とも通じるところがある。

一〇　伝統と普遍

栄一は実業界に入るや「道徳経済合一説」（義利両全説・論語ソロバン説）を唱えたのであるが、これは近代的合理主義（普遍性）とともに伝統的な価値を調和させようとしたものであった。これまでの「義」の時代から、新たなる西洋思想による「利」の世界、それは儒学的なものと西洋の個人主義とを結合したものであった。もう一つ栄一が重要視していたものに、「融和」と「忠恕」の精神がある。栄一の合理的精神は、後年、事業をはじめるにあたり、心得として示した次のものからもわかる。

一、それが道理正しい仕事であるかどうか。
二、時運に適合しているかどうか。
三、己の分にふさわしいかどうか。
四、人の和を得ているかどうか。

これらは合理的精神であると同時に、儒学的精神を強く表したものだといえる、一〜四のそれぞれにある「道」、「時」、「分」、「和」のいずれもが儒学における中心概念となっているものである。

栄一はつねに『論語』を懐に入れていたという。栄一の精神的バックボーンはもちろん儒学であるが、そこから得たものは日本儒学のもつ合理性と「仁」の思想であった。「仁」とは、いつくしみ、思いやり、博愛などであり、それは「忠恕」（まごころと思いやり）とも表されるもので、古の聖天子、尭舜が理想としていた「博ク民に施シテ能ク衆ヲ済フ」であった。栄一にとって「富国」とは国民の一人ひとりが幸福になることであったが、それは栄一の国家意識でもあった。『論語』の理念と結びついたところの栄一のこうした国家意識は、当然国家の利己主義を超えたものであった。

このような国家意識とともに、非常に現実主義者であり、かつ合理主義者であったところは諭吉と共通するものがあるが、栄一は儒学をもって西洋思想を理解し、とり入れ、両者を結合したのに対して、諭吉の場合は西洋思想のベースとして儒学的精神があったということだといえる。それゆえ、表面的にはまったく異なる両者ではあったが、日本の近代化過程においては大きな力を発揮した。

栄一は商工業を拡張して国富を充実させることを求めたが、それはやはり一国の独立を求めたためであった。それには自身の経済的自立が求められるというように、諭吉も栄一も、現象としては、片や西洋文明の移入としての「文明開化」の啓蒙家として、片や『論語』をもとにした経済人としてではあるが、その価値判断上の基準および基底に流れている思惟方法は、両者とも儒学に依るところが大であった。

二　普遍的ビジョンと儒学

諭吉も栄一もその学問的出発点は幕末における儒学であったが、それは当時のほとんどの知識人達が学んだものであった。そして幕府の大学である昌平黌《しょうへいこう》における漢学的教養は、多くの青年達を儒学という東洋における「理」の普遍性から、西洋におけるそれとを比較させることとなった。そして、儒学的教養は、これまで日本人が西洋から受け取ってきたところの物質的学問領域だけではない、民主主義の精神や産業国家を支えているところの精神をも学ぶことを求めさせ、その理解をも可能とさせたのであった。

たとえば、昌平黌の筆頭教授であった中村正直は、翻訳書『西国立志編』を著したのであるが、それは「自助論」ともいわれているように、「天ハ自ラ助クルモノヲ助ク」という書き出しで始まっており、自助の精神を述べたものであった。そこにおける神（God）、後の（Heaven）[23]は、キリスト教からくる倫理観であったにもかかわらず、それはまさに東洋における「天」でもあり、その意味において中村はそこに、洋の東西を問わない普遍的なものを見い出したといえる。

そしてここで説かれた自助の哲学、すなわち勤勉、忍耐、節約等の美徳（エートス）は、日本における儒学的素養をもった武士（士族）たちに強いインパクトとなって受け入れられた。かれらは必ずしかるべき成果を約束されることを信じ、これまでの儒学的素養の内にもつ合理主義と現実主義とをもとに、より広い公共意識を備えたところの専門的職業人としてのエートスを準備していったのである。

この意味においても儒学的素養は、日本においてはある意味で士族の近代的「市民」化をもたらしたエートスともなったといえる。こうしたとらえ方は『文明論之概略』に述べられている諭吉のことばにもかいまみられるもので、諭吉は早くより「王政復古」すなわち明治維新とは「王室の威力」によってなったものではなく、江戸期における門閥制度に妨げられ、己が才力を伸ばすことができなかった者の憤りが、「尊王」の名をかりてかもし出され、爆発したものであるとしてきた。

それを支えた多くの才力（智力）をもった人々は、明治維新を智力でにない、この後、智力の優位する社会を望むとともに、それが可能な社会（文明社会）を切り拓いていくことを希求していった。それを鼓舞したものが諭吉の『学問のすゝめ』であった。

また、明治政府が派遣した岩倉使節団に随行し、その見聞すべてを帰国後『特命全権大使米欧回覧実記』として、緻密な観察力と鋭い判断能力のもとに、五冊（二〇〇〇頁）の大著にまとめ上げた久米邦武も儒学の若き秀才であった。久米はもと佐賀藩士であり、藩校の弘道館において大隈重信と知り合い終生の友となるのであるが、久米および使節団の「文明」観には驚くべきものがある。久米は西洋の「文明」の精神的基底（「自由」）と物質的形象（「工芸ノ産物」）との間に相関関係を見い出し、「自由」にもとづく「立憲」の改革が「工芸ノ産物」としてわき出てくると『米欧回覧実記』で述べている。

諭吉は幕末の尊皇攘夷運動の真の動機は身分制の打破と実力主義社会の待望であったといってきた。また、「国体」の維持に関しても、それは純粋に日本国の政治的独立とその遂行とを望んでのものであった。したがってそれは外圧に対抗して、独立した近代国家を形成しようとしたものであって、不平等条約に苦しめられてきた日本にとっては「一国独立」を達成することは国民的課題であった。

諭吉にとっての「国家独立」とは「文明」を盛んにすることであり、それには「学術」と「商売」、「法律」

などが必要だったのである。それは『学問のすゝめ』では「今我国の形成を察し、其外国に及ばざるものを挙れば、曰学術、曰商売、曰法律、是なり」[24]と述べられているのである。

使節団に同行した木戸孝允も吉田松陰に儒学を学んだ藩士であったが、日本近代化のモデルを西洋の文明に求めると同時に、幕末に結んだ不平等条約を改正することに大きな目的をおいていた。彼にとってはそれこそが日本の「独立不羈《ふき》」であり、その体裁を創出するためには「万国公法」（国際公法）によるところの、条約改正を行わねばならないと考えていた。しかし木戸がこの旅で得たものは欧州列強を前にした小国としての日本の微力さと、条約改正の難しさであった。

一行がプロシアを訪れたおり、ビスマルクとの会見で得たものは、外交は必ずしも「万国公法」によって動いているのではなく、力によって動いているのだという現実であった。「万国公法」により、各国が平等の権利を守ることで、日本の不平等条約を改正してもらおうという木戸の思いは、「大国」の前には必ずしも通じるものではないということ、すなわちそれらは「兵威」によって簡単に覆されてしまうものだということを知ったのである。

ここに、木戸に限らず使節団一行の思いであった「自主ノ権」を得るためには、強くならなければならないという、強烈な国家意識が生まれることになった。それが諭吉が求めた「一国独立」するための文明であり、経済力に加えるところの軍事力であった。

Ⅱ 徳川からの遺産

若き日の諭吉　幕府使節としてヨーロッパ歴訪の際、ベルリンにて写す。

四　江戸から明治へ
——儒学の日本的発展

一 近世日本の思想と「近代化」

丸山眞男は『日本政治思想史研究』(1)において「何故中国は近代化に失敗して半植民地化され、日本は明治維新によって東洋唯一かつ最初の近代国家になったか」を命題とし、そこに朱子学の合理主義に関する考察をおいた。源丁圓は『徳川合理思想の系譜』において、朱子学は名分論(「上下定分の理」)だけではなく、経験的合理主義が存在していたことを強調し、それが江戸時代の合理的思考方法の基となり、ひいては西洋の自然科学をも受容し得るようになったとしている。こうした普遍的ともいえる合理性を近世日本社会がもっていたことは、それ以後の近代化の過程において大きな意味と役割を担うことになった。マックス・ウェーバー(M.Weber)は近代社会の特徴を「合理化」(2)に求めているのである。

一方、江戸時代においては『大学』に示されている「修身斉家治国平天下」という思想のもと、ウェーバーがいうところの「アジア的」ともいえる共同体的思考をもっていた。したがって個人は共同体の内においてとらえられているのではあるが、それは必ずしも「アジア的」な血縁に依るものだけではなく、共同体の内に合理性をみつけ、個人が主体的に参加しているものであり、ここに日本の特殊性があるといえる。

江戸時代に培われたところの朱子学の合理性は新井白石、貝原益軒、横井小楠ほかの内にみることができるが、その中でも横井小楠は「天地公共の実理」(3)という概念から、宇宙的規模の普遍的道義を求めていった。

小楠の普遍的思想は朱子学の「理」によるものであるが、そこで求めているものは宇宙、自然、人間、すなわち自然界の万物と人間世界の事物とを貫いて存在しているところの「原理」であった。

そしてこの原理「理」は、万物の中に存在するところの形而上学的な理と、あらゆる存在物の存在を可能ならしめるところの現実世界における理とに分けられた。後者はさらに人間や世界はどうあるべきか（どう生きるべきか）という倫理の世界の理、すなわち価値的性格をもった理と、宇宙および自然の中に存在するところのものを経験でもって得た法則としての理、すなわち経験的性格の理とに分けられていった。

これがあるべき道としての普遍的道義をかたちづくっていき、それぞれ価値合理性と経験（または目的）合理性へと向かっていった。日本においては「格物窮理」[4]という経験的性格の理に重きをおいたことが大きな特徴といえ、それが朱子学本来の価値的性格に重きをおいたものとは大きく異なる点であった。そしてこれが日本に、より科学的なものへの探求をもたらすとともに、西洋の近代思想を受け入れる素地ともなり、中国、朝鮮との大きな違いとなった。

しかし、日本で価値的性格の理として、国家および社会の道理であるところの「上下定分の理」は、幕府のイデオロギーとして体制の維持に役立ったのであるが、日本においてはその側面ばかりではなく、西洋にも通ずるところの普遍性と合理主義へと向かっていった。価値合理性は必ずしも上下の関係のみとしてではなく、平等な関係としての面へも向かっていったところに特徴がある。

幕政（正徳の治）においてそれを実行したのが新井白石であった。白石は内政、外交において「天地仁義の大道」すなわち普遍的道義を求め、経世的実学思想を形成したのであった。また、貝原益軒も経験主義的性格を強くもち、それは実学思想へとつながっていった。朱子学のもつ「一木一草の理」は益軒が『花譜』の序文において花を論じた中で「君子の花弁を愛するや、なんぞたゞ艶色に耽るのみならんや。将に天地生物の気象を観んとするのみ」[5]にも示されているように、そこに「天地生物の気象」を観るということは、天地生物の「道を知る」ことであり、普遍的な「道」、すなわち普遍性への探求であった。

また、益軒は「事天地」（「天地に事《つか》へる」）[6]の思想、すなわち万物を生みだす天地の生成活動を根源におき、そこを基点に「天地」（大自然）と人倫（人間社会）および万物（鳥獣虫魚草木）に対して独自の世界観をつくり上げ、これに基づいて、人倫社会および自然と人間との関わり方を求めていった。こうした「天地に事へる」こと、つまり正しく生きるための「術」や「礼」、方法やその意味を具体的に述べたものが益軒の膨大な著作群であった。

二　「格物窮理」と日本的合理主義の形成

近世思想は儒学をおいては考えられず、国学者も洋学者もまた僧侶であっても、四書や五経の素読に始まる漢学（儒学）学習から学問に入っていった。それは近世知識人の知的枠組みが儒学によって与えられたことを意味している。彼らは直面する諸問題を儒学の概念を通して考えたのであるが、それは決して人倫の道、徳だけを考えたのではなく、自然や社会や政治、歴史や文学まで、あらゆる分野を論じたのであった。それは朱子学を前提として近世儒学があらゆる問題を思索し得るに足るものを備えていたということであり、儒学の認識枠組みによって、異質な西洋の諸学や文化までも、おおむね正しく理解できたということである。

それは貝原益軒が深く感動した陸象山のことば「宇宙内の事は皆わが儒分内の事」にも表れているように、儒者の責任範囲は知的枠組のすべてに及んでいたのであった。そこで益軒は経験主義の立場から「一身の中より、以て万物の理に至るまで」（『慎思録』）宇宙内の理を窮めようとした。また、そこにおいて益軒は「心に在る理」と「物に在る理」とをはっきり分け、物に在る理を経験的、科学的方法において求めようとした。すなわちそれは経験を重視するとともに見聞を博め、その精度を高めると同時に、それを絶対視することなく、批判を受けつつ検討を重ねるというものであった。

これは科学的方法論を示すもので、学問の進歩をもたらす思想でもあった。朱子の後学が窮理のために読書を重要視するところから、文献学に流れていったのとは対照的であった。これが、中国、朝鮮においては訓古学、考証学へと向かっていったのに対して、日本では洋学との接点をつくりだすもととなったものである。すなわち日本では中国、朝鮮とは違い、「理」の観念が経験主義的に理解されたことが、そこに倫理的性格を混入することなく、洋学との結合を可能にさせたということができる。

こうした自然科学的認識方法への接近は、江戸後期、アヘン戦争による中国の敗北を知って大きな衝撃を受けた儒学的教養をもっていた武士達に、洋学への関心を高めさせていった。朱子学者の佐久間象山も朱子の「天下の物に即してその理を窮むる」という『大学章句』にある「格物致知《かくぶっちち》」の言葉を最も尊重していたのであるが、激しい対外的危機感と軍事技術に対する関心とによって「当今外冦の急務は彼を知るより先なるはなく、彼を知るの方法は、彼の技術を尽くす要なるはない」(7)に至った。そしてそれが西洋の自然科学的知識を評価し、それを根底から摂取しようとする態度へとつながっていったのである。

朱子学においては「理」を宇宙万物の窮極的実体とみる合理主義的形而上学がうちたてられていたために、宇宙万物に即して客観的に「理」を明らかにしようとする「格物致知」、「格物窮理」の方法が強調された。象山においては「理」を「物理」性の優位において捉え、どちらかというと「人倫日用」よりも「物理」の把握の方を重視する傾向をもっていた。

これは近代合理主義と大変近いものをもっていたということで、宇宙万物には普遍的な「理」が存在するという象山の観念は、自然科学に関しては「理」は一つしかなく、したがって国境はない、という普遍性を認める態度ともなっていった。また、西洋の自然科学も、東洋の「格物窮理」も、「理」を求めている点においては同じであり、それゆえ「理」(普遍性)を求める学問においては「西洋」のそれも「東洋」のそれも同じであるということになった。それが象山が西洋自然科学の普遍性を認めた大きなゆえんであると同時に、朱子学の「格物窮理」を近代自然科学の実験的実証的方法へ解釈しなおそうとする合理的思考方法をもつに至らしめたのであった。

それは西洋の自然科学が実証的方法においても、認識的方法としても、東洋のそれよりはるかに優れているととらえたからであった。東洋の「窮理」の力をさらに培い、西洋に負けない、または圧倒する程の力をつけるための方法が「東洋道徳、西洋芸術（科学技術）」[8]であった。

これに対して中国は形而上学的な理体を強化したところの価値合理主義へと向かい、思弁的、訓古的、形式的斉合性を好む方向へと向かっていったため、経験科学を育てることができなくなっていった。朝鮮においても道義の学、道徳の学としての面を強くもち、「理」による社会統合への方向が求められていった。

日本においてはこうした幕末の儒学的教養の基盤上に、近代自然科学が受け継がれ、明治以後の急速な自然科学の発達を準備したといえる。こうした思考のもと、さらに儒学の形而上学的、道徳的「理」の観念は、日本においては西洋の自然法にも共感させるものをもち、「万国公法」や「民権思想」の展開にもつながっていった。それは、日本においては西欧思想を理解することのできる思考の枠組みが、すでに江戸儒学の中に形成されていたということでもあった。

三　町人思想における経験合理主義と職業倫理

武士における儒学的教養とは別に、元禄・享保年間の商業資本の著しい台頭と商業の発展とは、商人および町人の処世術としての町人思想を形成していった。それは合理性とともに倫理的側面をもった思想となっていった。たとえば越後屋の三井高房は「諸家の衰敗、みなみな同じく職をわするゝを以て、先祖の大業を空しくす。ましてや町人などをや」と述べて商家の怠惰を戒めるとともに「町人は商売それぞれ分かるといえども、先ずは金銀の利足にかかるより他なし」[9]、「一日も仁義をはなれては人道にあらず、然るとて算用なしに慈悲過ぎたるも愚かなり。仁義を守り軍師の士卒をめぐむが如く商に利あるやうに心得べし」[10]と述べ、「仁」および「義」を守りつつも「算用」によって「利」を求めることは正当な行為（正直）であるとした。

こうした経済倫理観は幕府に朱子学を導入した藤原惺窩《せいか》がその書『舟中規約』において、たとえば交易に対して「凡《およ》そ回易の事は、有無を通じて、以て人己を利するなり、人を損して己を益するに非ず。利を共にすれば、小なりと雖《いえど》も還ること大なり。所謂《いわゆる》利なる者は、義の嘉会なり」[11]と述べているように、回易（交易）は自他ともに利する行為であり、「利」は「義」という正しい行為の集積であることを強調しているのである。

こうした「利」のとらえ方は近江商人たちの間でも「三方よし」ということばで、売手も、買手も、世間もともに利があるよう求めたものとも通じるのであるが、三井家三代目当主・三井高房はさらに「天地の間に生有るものは、皆々其業を勤めて食を求むる事、天性自然の道理也」[12]として、倫理観とともに利への正当性を求めた合理的かつ普遍的な商人（町人）思想を形成していった。

このような町人思想は折衷学派の朱子学者三宅石庵とその門人達が朱子学派の中井甃庵の指導のもと、享保九年（一七二四）に創設した官許の町人塾、懐徳堂においてさらに培われていった。懐徳堂は新興商人の出資により成るものであったが、武士、町人の別なく、その教学においても儒学の注釈ばかりではなく、商業上の合理化を求めたところの実践的、実学的志向の強いものであった。さらに石田梅岩はその心学思想において儒学だけではない、日本古来の伝統思想（神道、仏教）をも含めた三教（神・儒・仏）融合の合理思想、実学思想を培い、それを町人・農民に説いた。

こうした合理思想は江戸時代の初期においてすでに仏教的側面より鈴木正三《しょうさん》によってとなえられ、「一日作《な》さざれば一日食はず」という観念から、さらに「何の事業も皆仏行なり。人々の所作の上において成仏し給うべし。仏行の外なる作業あるべからず。一切の所作、皆以て世界のためとなることを以て知るべし」[13]とあるように、「世法即仏法」として、すべての職業は有用なものであって貴賤の別はなく、士農工商のいずれにたずさわる者も仏の分身としては平等であり、その与えられた業に精を出し、励むことによって成仏するとした。

さらに正三は、「売買せん人は、まず得利を益すべき心遣いを修行すべし。その心遣いというのは他の事にあらず。身命を天道に抛《なげう》って、一筋に正直の道を学ぶべし」[14]と述べ、商人の売買行為を禁欲的な仏行と結びつけるとともに、その結果得られた利益や、それをもとにした蓄積は容認したのである。

また、近江商人の経済倫理も浄土真宗の蓮如以降、特に江戸中期頃より、救済と倫理的行為とは不可分なものとなっていき、自分の「家職」に励むことが阿弥陀仏に対する第一の報恩とされるようになった。家業による利益も、それは他を利するものであるがゆえに「菩薩行」であるとされた。

正三および近江商人のこうした職業倫理観は、西欧におけるプロテスタンティズムの職業倫理観が近代資本主義の成立に役立ったほどの力とはなり得なかったものの、このような精神は中期の石田梅岩に受け継がれ、後期の二宮尊徳へと流れることによって、江戸時代の倫理観と合理的な精神とを近代国家成立に向け準備させることとなった。

すなわち正三、梅岩による大衆レベルへの職業倫理の浸透と、二宮尊徳による江戸末期から明治以降までの日本の職業倫理観が、明治維新という近代化へのきっかけを得たとき、その力を発揮し、急速な資本主義化を可能にさせる国民レベルでの精神となったといえる。

四　石田梅岩と心学

石田梅岩は神道より出発し、儒学、仏教にも深く心を傾け、人とは何か、人の道とは何かを強く求めて、その実践と普及とにつとめた実践倫理家であった。梅岩は『倹約斉家論』において「わが物はわが物、人の物は人の物、貸したる物は受けとり、借りたる物は返し、毛すじほども私なく、ありべかかりにするは正直なるところなり[15]」と述べ、合理性とともに所有権および債権の概念を導入した。

梅岩は「世事」の倫理（職業の倫理、特に商業の倫理）を求め、封建的な身分より離れた社会的機能に注目したことは、近代的資本主義のエートスとも通じるものがあった。さらに梅岩は商人が売買において詐術を用い、顧客や仕入先の信用を失ったならば破滅すること、職業にはそれぞれ社会的役割があり「天下万民産業なくして何を以て立つべきや」、「商人の売利も天下御免の禄なり」[16]といっているように、職分に励んで得た利も武士の禄と異なるところはないと述べ、職業による貴賤を否定して勤勉と商人の倫理を説いた。

こうした売買において偽らないこと、「道」に外れないこと、本心にかなうこと、私曲なきことなどは「正直」といわれているが、こうした利を貪《むさぼ》らない正直さと精励こそが利をまねくものとされた。このような「道」にかなった行いと「倹約」こそ梅岩が最も求めたものであったが、そのためには経営の合理化が必要であった。倹約とは顧客に正直な心と、経費の節約、利益を低減する心と、念を入れた良い商品を売ることであった。それが顧客の利益であり、自らの利益となるもので、貯蓄による富へとつながるものであった。

それは「我が身を養わるる売り先を粗末にせずして真実にすれば十が八つは、売り先の心にかなうものなり……そのうえ第一に倹約を守り……」、「富の主は天下の人々なり……売物に念を入れ少しも粗相にせずして売り渡さば、買う人の心も初めは金銀惜しと思えども、代物の良さを以て、その惜しむ心自ら止むべし」[17]「天下の財宝を通用して、万民の心をやすむるなれば……かくの如くして富山の如くに至るとも、欲心というべからず」[18]などによく現われている。

また、梅岩は「斉家」に倹約の倫理性を求めた。商人、町人の「斉家」をすべてのもととし、その上で「倹約」を説くとともに、「倹約」を私欲で曲められた人の心を正しい心にもどすという内面性により、最高の徳へと近づけていった。このように「斉家」の思想は倹約へと向かい、商家における家訓の重要な徳目となり、代々受け継がれるようになっていった。こうした「世俗的禁欲」、勤労と節約を重んじる職業倫理

（儒学倫理）が、信用と等価交換、計算と合理的な経営等、近代資本主義に必要な精神を備えることを可能にしたといえる。

同時に梅岩は仏教・神道（老荘）の思想も受け入れ、「宇宙との合一」を求めた。梅岩は人は生きているのではなく、宇宙によって生かされているのだととらえ、それとの合一（宇宙の秩序との合一）を強く求めていった。ここには神道、仏教的宇宙観があると同時に、「仏法を以て得る心と儒道を以て得たる心と、心に二品のかかわりあらんや」、「仏老荘の教もいわば心をみがく磨種なれば、捨つべきにあらず」[19]、「一法を捨てず一法に泥《なず》まず、天地に逆らわざるを要す」[20]などにもあるように、修養の具となるもの、現実的に役立つもの、目的に必要なものを目的的にとり入れ、消化、融合させていった。

五　日本の近代化と二宮尊徳

日本におけるこうした神・儒・仏それぞれのエートスの融合こそが、東アジア諸国（儒教文化圏）の中でも独自のエートスをつくりあげるもととなったものであるが、こうした「融合」を積極的に求め、日本的合理主義を大成していったのが二宮尊徳であった。尊徳の思想はこれらをもっとも集約的な型であらわしており、日本的な価値を体現した実践思想家であった。江戸末期における尊徳による日本的なエートスと日本的合理主義との大成が、その後の近代化の過程において有形、無形の影響を与えてきたといえる。

特に尊徳は「それ人身あれば欲あるは天理なり」[21]や、目的をもたない倹約は「何の面白き事もない」と述べ、目的合理主義的な精神に裏付けられた勤労と倹約の精神とを示した。そして社会は功利主義的な動機によって成りたっていることを認め、そこに利他的な倫理と儒学的な「徳」および仏教的な「恩」とを入れることによって、対立的な概念を統一するための独自の倫理哲学思想をつくっていった。これらを止揚してできたものが「欲に隋いて家業を励み、欲を制して、義務を思うべきなり」[22]であった。

これと同時に、もう一つの中心的な理念は、「人界」に最も「切用」なるものを求めようとする目的、経験合理性であった。それは次のことばに最もよくあらわされている。「神道は開国の道なり。儒学は治国の道なり。仏教は治心の道なり。故に予は高尚を尊ばず、卑近を厭わず、この三道の正味のみを取れり。正味とは人界に切用なるを言う」[23]。

尊徳は人間救済、民衆教化のためという目的合理主義的、実践的動機から、これら「切用なるもの」は取り、「切用ならぬもの」[24]は捨て、「よくよく混和して何品とも分らざる」[25]状態になることを求めた。そしてそれこそが「最も人界の切用」[26]に供し得るものであるとしたのであった。こうした三教混淆はそれぞれにもつ思想や教義の総合としての「教義の大成」であり、これら総合としての教義の大成こそが日本独自のエートスと合理性とをかたちづくっていったといえる。

六　日本の近代化にみる「普遍」と「特殊」

朱子学はその「理」と「気」の結合の仕方、違いにより万物の形・性質の差別が生じることを述べ、貴賤尊卑の差が生じることを説明している。そして階層的儀礼的社会秩序を理の客体的表現として捉えることによって、君権的中央集権政治体制を理念づけた。それが徳川幕府が朱子学を導入したいわれでもあるが、朱子は同時に、すべての人間には「本然の性」（人間に宿る「理」、仁義礼智信）が宿っていることを認め、すべての人間が聖人となり得る可能性も認めているのである。

しかしそれには理を窮めなければならなかった。そのための方法として中国・朝鮮においては読書の重視（理は聖人の書にすべて含まれている）となり、社会秩序や礼の尊重となっていった。しかし日本ではそれは人間の平等を説いたものとして受け入れられる側面をもつようになっていき、窮理は経験合理主義を育むものとなった。

こうした傾向は「忠義」という価値側面においても、それは絶対的な服従を必ずしも意味するものではなく、また、主君の利益をはかることでもなく、「国家天下」のために尽くすことであるととらえられるようになっていった。したがって真の忠節とは主命に対して盲従するのではなく、真に正しいと信ずるところに従い、誤りを正す勇気と行動とが求められるようになったのである。これは何者にもとらわれず、自ら考えるところの、自由と自立した個人が要求されることを意味するものであり、それは主体的な判断とともに責任とが伴うものであった。

室鳩巣はその著『明君家訓』においてあるべき君臣関係を、君臣ともに善に進み、悪を改めることであると述べ、臣下としてのあるべき姿を「上にへつらわず、下を慢《あなど》らず、他人と交わした約諾を違えず……、己がすまじき事はせず、死すべき場をば一足も引かず、常に正義と道理を重んじ、その心は鉄石のごとく堅固であり……」としている。そして主君に対する態度としても「たとえ私の命令に背くようなことになろうとも、各自が自己の信念を踏み外すことがないのであれば、それは私にとっても誠に珍重な事と思うのである」と述べているのである。

これはたとえ主命であっても無批判に追従するのではなく、自己の信念に忠実であることを求めているもので、個としての自立性を求めたものであるといえる。それゆえに、そこにはいかなる事が生じても任務を放棄することのない責任が生じてくると同時に、他への転嫁は許されざるものとなってくる。ここに強い自我意識の形成および主体的な判断に基づくところの責任性の追求とが生じてくるのである。そして、こうした自立した個人の尊重と個人の信条を重視する思想とは、「組織」というものを考える場合に不可欠なものであり、それは近代的な組織を生みだす基礎的条件でもあった。

日本においては「忠義」の観念はこのように、より客観的となり、公共的（藩からさらに国家天下のためという）性質をもつようになっていった。そして藩および天下はひとえに君主のためにあるのではなく、人民のためにあるのだという思想をかもし出していくこととなった。こうした公共性の理念の発展は、西欧においてて近代社会を準備させたように、日本においても社会契約的な思想およびデモクラシーの精神を促すもととなり、明治維新後の自由民権運動を準備することとなった。

ちなみにこの運動を指導した板垣退助はじめ、そのほとんどの民権論者が儒学的教養をもった幕末期における武士たちであった。そしてまた、江戸期における武士の自立の思想は、日本の近代化の過程における啓蒙思想のうちに、個人の自立の精神として準備されていたといえ、そこに他の非西欧諸国とは違った日本の近代化過程があったといえる。

明治維新後、西洋思想の啓蒙とその日本への適用に尽くした人物として福沢諭吉や田口卯吉がいるが、福沢は『文明論之概略』他において、田口は『日本開花小史』他において、もっとも強調しているのが人民の自立および独立不羈の精神であった。それは福沢の『学問のすゝめ』においては「人民独立の気力」と表現されており、田口は「独立独行」と表現している。

それらは開国後の日本がヨーロッパ列強の前にさらされたとき、国家の独立を維持するうえでどうしても必要とされた、個人の自立的精神の滋養のためのものであった。福沢も田口も西洋近代思想の日本への適用に熱心だったのであるが、それは自由貿易のもとで、経済的にも軍事的にも優位にあったヨーロッパ列強の脅威に直面したときの、国民的自立への渇望でもあった。

しかし、そこには江戸時代からの伝統的思想も大きく影響していた。福沢も田口も幼い頃より漢籍(四書五経を中心とした儒学）を熱心に学び（諭吉は自ら漢学者の前座くらいにはなっていたと述べている）、その後、西洋の思想や制度にふれ、それらを学んだことにより、そうした思想や制度を日本の近代化のために役立てることに情熱を傾けたのであった。

『福翁百話』にある「ただ真実の武士は自ら武人として独り自ら武士道を守るのみ。故に今の独立の士人もその独立の法を昔年の武士の如くにして大なる過なかるべし」[27]は、「独立は吾れに在て存す」[28]をよく示しているものである。同時に、これは日本における儒学的教養の内より生じたもので、江戸期から培ってきた自立の精神を示すものであった。

『福翁自伝』にある「……仏法にても耶蘇教にてもいずれにても宜しい、これを引き立てて多数の民心を和らげるようにすること……」[29]にも示されているように、いずれを問わず、目的のために役立つことを用いようとしたところにも江戸期に培われた日本的合理主義の精神および、その表れともいえる三教融合の思想の影響をみることができる。

さらに日本の近代化における特徴としては、すでに江戸時代において、近代産業国家の成立にとって必要とされる合理性や勤勉性とともに、功利主義的精神も備わっていたということである。これらはすでに江戸中期の日本的儒学学派ともいえる石門心学の内にみられるものであるが、こうした心学思想のうえに、「仁」と「富」、「義」と「利」とを相容れるものとして、儒学的倫理と経済的合理性とを結合しようとしたのが明治初期の渋沢栄一であった。

しかし、渋沢に限らず、明治の近代化における経済的合理主義および功利主義思想の形成には「日本的」に受容されてきた儒学の影響を無視することはできない。とくに日本における朱子学は訓古主義的、考証学的な学から「人倫日用」を謳う学へと向かっていた。また宇宙を「理」と「気」と捉え、価値論的にはそれは「天理」と「人欲」、すなわち「彼岸」と「此岸」との緊張として捉えていたことも、「此岸」に対してただ「適応」するだけではなく、「理」を根拠とした積極的な改造という態度となっていた。これはウェーバーがいうところの資本主義の精神につながるものであった。

さらに、朱子学においては「敬《つつしみ》」（世俗活動において全精神を集中する態度）を尊ぶとともに、それは「敬業」として「天職」観念と同じものとなっていった。とくに陽明学における、それぞれの職業に「心を尽くす」ことにおいて四民は平等である、という思想への発展は、世俗職務遂行の倫理を社会大衆にまで普及させ、儒学倫理を商業界にまで押し広めていき、商人の地位の上昇をももたらすことになった。

こうして朱子学は「天理」にその基をおいた商人の実践道徳としての「勤倹」や「誠信」などの精神をもたらすとともに、商業における致富を大業として捉え、営利に向けてもっとも有効な方法を追求し（合理化の過程）、時間の浪費を人生最大の罪とみなすという、近代社会および近代資本主義成立に必要な要素を強くもっていった。それゆえ、こうした自由で躍動的な要素が日本の近代化およびその後の発展に大きく影響を与えたといえる。

七　江戸から明治へ儒学の役割

日本における倫理思想は江戸時代をとおして、儒学から大きな影響を受けたことは事実であるが、それは「漢学」ともいわれるように、もともとは日本古来の思想文化であるとはいえないものであった。しかし、それは日本に移入されて以来、仏教とともに日本的に変容しつつ、日本人の倫理観に大きな影響を与え、江戸時代には完全に日本人の血肉となった。そして日本人の精神文化および倫理観の中心を占めていた。

それゆえ、そうした日本文化または精神のもとに、必要にせまられ西洋の文化、技術を容れてきたのであるが、それは多分に自国の倫理、精神文化をもとにした上での「芸術（技術）」の移入であった。したがって明治維新において近代化を遂行したところの人々においても、日本的受容を完全に果たし得たところの漢学的教養のもと、その倫理観をたずさえて、「文明開化」と「経済的独立」とを求めていったといえるのである。そしてまたそれらを可能とさせたものも、「日本的」ともいえる儒学であった。

一般に倫理とは、社会的存在としての人間生活を規制する理法であるが、それは当然、その社会の現実的秩序を前提とした、その秩序に即応したものであるともいえる。同時にまたそれは、民族や国家の別を超えた普遍的なものでなければならないものでもある。それが朱子学においては先に述べた「理（天理）」であった。

朱子学が宇宙の根源と措定する「理」は、行為の客観的基準となるものであるが、日本では人間生活を秩序づける規範の根拠を、規範自体の普遍性に強く求めてその根拠を探求していくというよりは、規範の意義や効果を現実と照らし合わせて、より現実に沿ったところの、よりよい規範を求めるという傾向をもっていた。それは、日本の儒学は「道」をいかに用いるかということ、すなわち現実の側に「理」を近づけようとしたものであったからだともいえる。それはこれまでにおいても、歴史の展開に応じて規範を徐々に変革していくというように、現実的な努力がなされてきたというところにもみられるのであった。

こうした、現実に適合した規範を求めるという態度は、儒学は日本社会にとっては外来思想であるというところに求めることができる。中国の歴史、風土に生まれた諸規範をそのまま、これまでの歴史・文化が培われてきた日本社会に移植するにおいては、大なり小なり規範と現実とのズレにおける修正をせまられるという問題が生じるが、それこそが「儒学の日本化」でもあった。

これによって日本の儒学は、その温度差はあるものの、「日本化」の過程の中で「合理主義」的精神が育まれ、海保青陵にみられるように、固定観念にとらわれない自由な認識、すなわち「主体性」ともいえるとらえ方に至ったといえる。その意味において漢学的教養が、普遍的な倫理観をもとに、ものごとを合理的かつ現実に即した見方を与えることを可能にし、江戸から明治への橋渡しの役割を果したといえる。

これまでみてきたように、江戸末期の漢学的知識人たちは岩倉使節団に加わった久米邦武の『米欧回覧実記』のように、その観察力の鋭さにおいても、新しい情報や技術の吸収力の高さにおいても、そしてそれらを可能としたところの能力においても卓越したものがあった。また、佐久間象山は儒学の教養をもとに、まったく異質であるところの西洋の学問、文化を理解し、「夷の術を以て夷を制す」ことを求めた。彼らは西洋の学問、芸術（技術）に対して大きな衝撃に見舞われはしたが、これまでの知性をもってそれらに対峙し、その上で西洋の学問、技術をどのように受け入れ、消化していくかを考え、自分自身が培ってきたところの文化に根ざした西洋文化の受け入れを考えてきたといえる。

福沢諭吉他の啓蒙思想家たちは儒学的教養・精神態度からの断絶を意識的に強調したが、若いころ培われたところの伝統的な教養と精神とは、なおその思想の深層を構成していたし、田口卯吉も幕臣の子弟として漢籍による儒学的教養を充分身につけていた。それは卯吉の自由放任思想の中にもうかがうことができる（『経済策』においても東洋の自由放任思想にその源をみているところがある）。

幕末の横井小楠も儒学研究を深め、それを世界に通じる普遍的価値基準とし、「天地仁義の大道が貫いている条理」に止揚させ、世界を対等に包摂したところの普遍的な「天」の支配という概念に至った。そしてその「条理」こそが世界万国を公平かつ対等に律するところの国際的ともいえる行動規範であるとした。

このように日本における朱子学を中心とした儒学の、日本的な展開という「特殊性」が、朱子学において、中国、朝鮮とは違う、近代に通じるところの「普遍性」を培い、それが日本をして東洋で最初の近代化を可能とさせた要因となったともいえるのではないだろうか。こうした、朱子学展開の日本的な「特殊性」のもと、世界に通じる「普遍性」を求めていったところに、諭吉の普遍的ビジョンへの希求がよみとれる。

八　徳川からのコンティニュイティー

日本の儒学が学問的頭脳を養ったことは、近代化過程において、いわゆる和魂洋才型の人物を政治・経済・科学・教育その他各方面に輩出させ、リーダーシップを発揮させたことからもわかるが、日本の儒学はその代表的批判者のように言われている福沢諭吉をして『文明論之概略』において「若し我国に儒学と云うもの無かりせば、今の世の有様には達す可らず。……人心を鍛錬して清雅ならしむるの一事に就ては、儒学の功徳亦少なしとせず」[30]、「兎に角に我人民を野蛮の域に救て今日の文明に至らしめたるものは、之を仏法と儒学との賜と云はざるを得ず。……儒学も亦有力のものと云ふ可し」[31]と言わしめている。

岩倉使節団に参加した優秀なメンバーはみな、天保（一八三一年一月二三日～一八四五年一月九日）前後に生まれて、徳川幕末の教育を受け、その中のチャンネルを使ってだんだん上に昇ってきた人々である。幕府側でも薩長側でもそうであった。あの大規模な西洋文明摂取の事業をやったのは、結局、徳川日本によって教育された人間達であった。そして維新前の教育が実学の面などでも非常にしっかりしていたからこそ、初めて西洋に出ていったにもかかわらず、あれだけの成果を吸収することが出来たのであった。

幕末、岩倉使節団に加わった久米邦武は、アメリカからは実に多くのことを学び、その核心となるものを次のように記している。

「自己ノ権利ヲ重ンスルモノハ、他人ノ権利ヲ妨ケルナシ、是自主ノ本領」[32]

また他の欧州諸国に対してもよく観察し、深い洞察を加えているのである。英・仏に対しては、

「英国ノ工業ハ器械ヲ恃ム、仏国ハ人工ト器械ト相当ル」[33]

とし、さらに仏国には、

「欧米ノ工産ハ、一度仏都ニ輸入シテ、而後ニ価ヲ加ヘ、利潤ヲ増ス、故ニ各国有名ノ会社、一モ巴黎ニ出店セサルモノナシ」[34]

と述べており、仏国をして、

「国ノ貧富ハ、政府ニ財ヲ蓄フノ豊歉ニアラス、人民ノ貧富ニテ定マル」[35]

といわせている。さらに英・仏・白（ベルギー）・および独逸・以太利・露国に対しては、

「英・仏・白・蘭、ハ平民ニ人物富豪ノ多キコト、貴族ニ超ユ、故ニ全地ミナ繁昌シテ、民権モ亦盛ナリ、独逸〈墺国ヲ兼ヌ〉、以太利ハ貴族ノ富、平民ニ超ユ、故ニ文物ノ観ルヘキモ、全国ハ猶貧ナルヲ免レス、因テ君権ハ民権ヨリ盛ンナリ、露国ハ全ク貴族ノ開化ニテ、人民ハ全ク奴隷ニ同シ、財貨ハ上等ノ人ヨリ包攬セラレ、専制ノ下ニ抑制セラルルモ、此ノ成形ニヨル、故ニ露ノ貿易ハ、自ラ振ハス、外国人ノ手ニ、其利孔ヲ専有セラル」[36]

と、その国のありようと経済（国富）との関係を考察しているのである。また瑞士国（スイツルランド）に関しては、

「自国ノ権利ヲ達シ、他国ノ権利ヲ妨ケス、他国ノ妨ケヲ防ク是ナリ、故ニ内ニハ文教ヲ盛ンニシテ、其自主ノ力ヲ暢達ス」[37]、「此国ハ世ニ工芸ヲ以テ称セラルレトモ、実ハ農耕ノ国ナリ」[38]とまで観察を加えている。

『特命全権大使米欧回覧実記』という岩倉一行の報告書は、向こうの、いわゆる文明所産のすべてにわたって記述しているのである。つまり儒学的教養があったからこそ西洋文明を日本は摂取することが出来たということができる。その儒学教育とはつまり徳川の教育であり、徳川からのコンティニュイティーがあってはじめて、明治になってからの西洋文明への飛躍ということも可能だったのだと考えられるのである。

このように儒学が文化レベルで果たしたこと、個人的な人格に根ざした自己表現に役立ったということは、大きく近代化に貢献している部分だといえ、「概念化」とか「論理化」とかという思考を儒学によって日本人がもつようになったことも非常に大きなものがあったといえる。

九　革新への動き

江戸時代、形式的には厳格であった社会制度、経済制度ではあったが、実質的には流動化しているという変則性が、政治、経済、倫理等のあらゆる分野における学問、思想上の探求とともに、革新への動きを助長させてきた。

たとえば貝原益軒は「心に在る理」と「物に在る理」を追求することが真の儒学の在り方だとして、自然科学を探究する道を開いていった。また、伊藤仁斎は天道と地道と人道とを峻別することによって、自然と道徳の世界とを分けることに成功し、荻生徂徠は事実主義、実証主義的な思惟方法を確立するに至った。

さらに山片蟠桃《やまがたばんとう》は西洋の自然科学を受容しつつ、その課程において合理主義的精神を育んでいった。蟠桃は「吾れ思ふに、天下教法さまざまありといえども、儒にしくはなし」[39]と述べつつ地動説をとなえ、[40]自然科学的天文観による新天体像の認識をしていくのである。それは朱子学的な天の認識によるものであった。「怪力乱神」を語らず、神（鬼神）に対しては不可知論の立場をつらぬいた儒家的立場でもあったといえる。

蟠桃のもつ「近代化」と合理性とは「凡致知格物の大なるは天学なるべし。大抵理を窮め性を尽す。其極に至ること多しといえども、天地の大なるなんぞ極め尽すべき」[41]というように、これらは朱子学のもつ「窮理」の極から生じたものだともいえる。

また、佐久間象山は朱子学の理と自然科学の合理主義的思惟とを同一化[42]していき、帆足万里は自然科学的に窮理の道を求めていった。海保青陵に至っては経済における合理的思惟を求め、『天王談』において「天地の間のことはみな理である。みな理の中にあるのである」と述べ、学問に対しても「今日唯今のことにくわしきがよき学問といふもの也」[43]とした。このような過程を経て幕末の西周《あまね》[44]はこれまで培われてきた経験主義、実証主義と儒学の内にもつ合理主義とを結びつけた。一方、伊藤仁斎や荻生徂徠は朱子学の観念性を否定し、儒学と社会、あるいは現実との接点に非常な感心を向け、よりよい社会生活を営む上での有効な規範の役割を儒学に求めていった。

また、儒学は徳川期が進むにつれて、封建制度下の諸階級に次第に浸透し、ついに町人階級にも受け容れられることになった。こうして儒学は町人の学問となり、町人の教養理想として、中世的、仏教的ともいうべきものから、近代的というべき現実主義的なものへと移行させると同時に、町人階級の生活に特有な合理化を生み出すことになった。俳人、芭蕉の言葉にも「松のことは松にならえ」とあるように、「物に即して物の理を知る」は大衆的な基盤をもつようになり、「物の理」を探求する実学を栄えさせるもとともなった。そして、質素、勤勉、節約等の教訓は日本の市民社会の教養・道徳となり、容易に町人階級の生活を「合理」に導く信条ともなっていった。

庶民の経済的台頭を背景とする武士と庶民との人間的平等意識が、儒学理解に反映し、儒学を単に為政者階層であるところの武士の教えとするだけではなく、人間一般の教えとして理解する傾向を次第に高めていった。中江藤樹・伊藤仁斎をはじめ、心学者とよばれる石田梅岩らの儒学理解がこれにあたる。

このように儒学は町人層にも心学のような形で入ってきたのであるが、商人・町人における平等意識と知的向上心とは、知的水準を引き上げるとともに、帰属の価値の他に「業績の価値」を社会に広く内在化させることになった。そしてこうした業績主義を指向する価値体系と、強い向上への欲求が武士を中心とした知識層の中にも、町人たちの中にも生まれていたということが、社会的流動性に大きな役割を果たすと同時に、明治維新後そうしたエネルギーを大きく開放させる事となった。

たとえば大坂にできた懐徳堂という学校は、享保九（一七二四）年から明治二（一八六九）年まで続いていたが、それは一種の市民大学ともいえるもので、武家も町人も一緒に講義を聞いた。中井甃庵他により朱子学を中心になされたが、身分にこだわらず、また、朱子学の説といえども疑うべきは疑うという学風をもっていた。そして人間の認識を中心にすえる批判的精神をもち、その学問は人間の認識のおよぶすべての分野へと拡大した。

その中から、富永仲基、山片蟠桃というような独創的な思想家が出てきたのであるが、先にみたように、蟠桃は「およそ致知格物の大なるものは、天学であろう」「天学をもって天という理由は、天があってのち地があり、地があってのち人がある。人があってのち、仁・義・礼智・忠信・孝悌がある。[45]」というように、朱子学のうちから自然科学へ、そして合理主義的精神へと向かい、人間中心の合理主義を形づくっていった。そうしたものが日本の近代化というものを支えた大きな柱だといえる。こうした江戸時代を通じた知的蓄積が明治の知識人たちの西欧思想を受容する上での大きな基盤となったといえる。

一九世紀後半、日本が国際的な圧力に耐え得たということ、植民地になることなく、人材と知恵とを明治に受け渡したということは、それまで育ててきた文化的蓄積と文化的活用の能力を「人材」という形で明治に伝えていったということでもあった。それは必ずしも幕府側の人間だけではなかった（「薩摩」も「長州」も、そして「京都」までも）、ということは、幕藩制の成果であったともいえる。それからみると明治維新というのは、近代化の始まりではなく、近代化の完成またはプロセスであったといえる。

一〇　近代化への道

儒学は本来支配階層の思想であることから、国家という概念を打ち出すと同時に、国家をどうやって運営していくかという経世策がなければならなかった。また、儒学は外来思想であるために、それをいかに江戸時代の社会に適用させるべきかということから国家意識が目覚めていったともいえる。

そして「日本国」というものが意識されるようになると、外に向かっては、非常に現実的な危機意識をかき立てることとなり、幕末においては水戸学となった。外に向かって日本国という「まとまり」を意識した時に生じるものであり、日本近世の儒学は外国の存在に対しては非常に敏感であったという側面をもっていた。福沢諭吉でさえ幕末には、幕府権力を強化することによって危機を乗り切り、文明開化へと進むべきであるという考えをもっていた。

儒学の興隆が、日本資本主義の精神の形成の重要な契機となったことのもう一つの要因は、儒学が仏教の排撃を試みたときにはじまっていたといえる。封建制度を共に支えていた仏教と儒学の性質上の相違は、仏教が「中世的・彼岸的」なものであるのに対して、儒学は「近世的・此岸的」なものであるという点にある。

仏教が宗教的であったのに対して、儒学は倫理的でもあった。儒学は中世的封建制度を担った仏教を押し退けて、担い役の交代を迫ろうとしたのである。それは仏教的な「あの世」に関することを、儒学的な「この世」に置き換えようとしたのであり、現世主義的精神が大きくなってくることを示唆したものでもあった。徳川期における思想一般の上からいって、仏教に対する儒学は、キリスト教内におけるプロテスタント運動と同じような意味をもつものでもあった。それ故に儒学は、日本のブルジョア的発展の上においては、プロテスタントが近代資本主義の発展の上で示した効果と似たものをもっていたといえる。

近代化（資本主義化）と儒学との関連性を肯定的に評価する見解を支持する人に西田直二郎がいる。西田は『日本文化史序説』の中で、儒学は徳川期の長い期間を通じてその封建制度支持の神学（Theologie）となって、あたかもヨーロッパ中世社会を支持した中世における正統神学のような役割を果たした[46]、ということを述べている。

封建制度を支持した儒学は町人の学問ともなり、町人精神の発展として、日本の資本主義精神の展開の上に独特の意味をもった。儒学は徳川期においては、仏教的な彼岸的な精神を此岸的な域に達成させる役割を果たしてきた。

資本主義の精神はその究極において現世主義および人間世界に対して高い評価をもっている。儒学は仏教より近世資本主義の精神を発展させる上で、よりプロテスタント的な効果を発揮させることが出来たというのはこの点にある。M・ウェーバーが資本主義の精神として出したプロテスタンティズムの思想は[47]、「現実」（此岸）の上に確固たる立場をもつということと、生活の合理化というところに意義があった。近世前期の儒学導入確立期における林羅山による儒仏論争や排仏論[48]は後世にこのような意味を与えることになった。

ウェーバーは近代化テーゼとして「合理化」の問題と「担い手」の問題を提出した。それを有していたか否かが近代化に大きな意味をもつとした。ウェーバーのいった「合理化」の問題は、日本的儒学によって与えられたとすることができ、「担い手」の問題に関しても儒学は為政者（武士階級）から被支配者（農民や町人階級）にまで浸透していたということがあげられる。このことがウェーバーの近代化テーゼからしてみると、日本をして東洋で唯一かつ最初の近代国家にした、とすることができる。

五　明治の近代化と社会的流動性

一　非西欧諸国の近代化

非西欧諸国における近代化としては日本が最も早く、また経済的側面からみるかぎり最も成功した国だといえる。そしてその後多くの非西欧諸国がそれに続こうとしてきたが、日本につづき経済的成功をしている国々が東アジア諸国だといえる。(1) これらの国々に共通なことは西欧からの文化伝播を受け、近代化と経済成長とを達成してきたということと、儒学による文化・社会をかたちづくってきた国々であったということである。

非西欧諸国が近代化を達成しようとした場合、それは西欧諸国からの伝播なくしてはあり得なかったといえるし、その意味においてはどこの国々においても共通のことであり、一般的なことであった。さらにもう一つの共通項を求めるならば、いずれの非西欧諸国の近代化においても、その文化伝播のうち、経済的な部分へ直接影響を与える部分は受け入れたが、その他の部分への関心は比較的低かったということである。

それは西欧の近代化を、伝播をつうじて学びとった非西欧諸国も、それ以前に自国の文化をもっており、日本においても文化伝播をつうじた社会的変動は、西欧の模倣をしただけではなかった。西欧文化に接しつつも自国の伝統文化を深く考え、西欧文化を拒否するのではないが、かといって自国の伝統文化を棄てるのでもなく、必要な部分を取り入れることによって、自国の社会と文化をつくりかえていこうとするものであった。

それゆえ非西欧の後発諸国の近代化は、西欧化ではなく、西欧からの文化伝播をつうじて自国の文化をつくりかえ、経済的な離陸へと向かおうとしたものである。そうした近代化の結果、それらの諸国が西洋とまったく同じになるということはありえなかった。しかし非西欧の後発社会が近代化するためには、さまざまな条件がみたされていなければならなかった。

日本においても、西洋から学ぶことによって、近代化せねばならないことの必要性を最も強く自覚させられたのは、経済的近代化の領域であった。すなわち、日本は「黒船」の軍事的危機を克服するために、産業化へ向けての強い動機づけを与えられたのであった。伝播可能性の中でも、その度合いが最も高いのは経済的近代化、すなわち産業化の領域であるといえる。

なぜならば産業化の技術的側面は近代科学の応用として普遍性がたいへん高く、しかも学習を行いさえすれば修得可能なものであるからであった。また産業化の経済的側面においても、企業経営の方法や金融財政政策のように技術的、制度的なものに関するものは普遍性が高いために修得されやすい。その上技術的経済的領域のものは、計測が可能なために効率上の比較が客観的に示されることとなる。それゆえ西欧の技術（芸術）は受け入れても西洋の政治思想は受け入れない（佐久間象山のような「東洋道徳、西洋芸術」）という反応がおこることになる。

二　日本の近代化における教育と社会的流動性

前工業化社会であった江戸時代、工業化の前提としての社会経済的な条件はどのようであったかをみると、江戸時代の日本においては、国内の農業生産は自足水準を凌駕しており、幕末にはある程度の余剰の存在が確認されている。また商業・貨幣経済の発展によって、統合された国内市場が形成されていただけでなく、経済の近代化にとって必要な合理的な貨幣・商品取引および金融、経営上の諸制度等がかなり発達していたといえる。(2)

したがって江戸時代の日本は、幕藩体制という制度的な構造においても、価値体系の面においても、いったん体制自体が重大な問題にぶつかった場合には、経済の近代化をよびおこすような動因が充分内在していたということであった。その中の大きなものに、規律をもった官僚制度の発展をあげることができる。

幕藩体制は、はじめから武士を土地から切り離し、事実上の官僚的階級としていたが、徳川幕府においては、さらに政治の中央集権化と社会の統合化を強力に推し進めていたために、社会の統合性と官僚制(3)という近代的統一国家、および中央集権政府の形成に必要な下地をすでにもっていたといえる。さらに各藩においてもおなじように官僚組織をもっており、経済的にも自立していて、(4)相互に競争的な性格をもっていたということも、近代化にとっては大きな要因であった。

もう一つは他の非西欧諸国には例をみないほどに高いレベルの教育が普及していたということである。[5]このような高い教育水準は、武士をはじめ農民や商人の知的水準をたかめ、出世や成功への向上心や大志をよびおこしたといえ、帰属の価値の他に業績の価値を社会にひろく内在化させることにもなった。

こうした業績主義を指向する価値体系とともに、強い向上への欲求が武士を中心とした知識層のなかに生まれていたということ、および実際にも農民内部の社会的移動が高く、武士の窮乏化とともに農・工・商の階級構成も流動的な要素を大きく含んでいたということなどが、社会的流動性に大きな役割を果たしていたといえる。

近代化が成功するかどうかは、それが国民的な必要として、人々が近代化の目標を受け入れるかどうかにかかっている。明治時代における指導的知識者達は、工業化に不可欠な進歩のイデオロギーをつくり出してきた。そして「知識を海外に求め」[6]、西洋の事物に対する強い関心をもつとともに、義務教育制度や外遊などのさまざまな手段によって、社会大衆に対してもその普及をはかっていったのである。[7]

文明開化は生活様式の西洋化だけではなく、世襲的な身分社会のもとで窒息させられていた人々のエネルギーと欲求とを開放することとなった。[8]そして青年は文明開化によって進歩のエネルギーを摂取し、身分にもとづく静的な社会とはちがった、業績による動的な社会の到来を期待したところのもとでの「立身出世」に魅せられていった。

しかし初期の明六社のように、ここでは西洋の近代資本主義的諸価値（功利主義、個人主義、あるいは物質主義）よりも、国家や精神が強調されたことも事実であり、国家の強調は「進歩は、人間個人の幸福の獲得よりも、国家にとって必要である」という思考方法から生じ、それへの強調は「精神が物質的不利を克服しうる」という論理からであった。

明治初期の日本においては、十分な資本資源はなかったけれども、士族に代表されるように、強固な意志と規律とを身につけたエリート階級に恵まれていた。そしてここでの価値観は「西洋は科学と技術において優越しているが、日本は精神的な徳において優越している」というものであり、士族にアピールしたところの「和魂洋才」はまさにそのことを示していた(9)。

三　近代化における教育の役割

日本の工業化に必要な国民の意識と行動の変革は、教育制度によって推進されていた。江戸時代には一貫した学問の普及傾向がみられ、江戸末期には民衆の教育水準は同時代の他の東洋諸国と比較しても著しく高かった。武士階級は江戸時代を通じてつねに儒学の古典の学習に精力を傾けてきたが、幕末になると有能な人材は、伝統的な儒学の他にも、国学や洋学の修得に努力するようになった。また、一般民衆も子弟を寺子屋に通わせるようになり、出自の身分ばかりではなく、教育が高い評価を受けるようになっていた。

こうした儒学のもつ崇文思想は、出身を問わず「教育」による社会的上昇のチャンスを与えることとなり、社会的流動性の高さを生むと同時に、農民・町人にも教育を普及させることになった。そして上は幕府の学問所としての昌平黌および各藩の学校である藩校（藩黌）の二百数十校から、下は庶民の子弟の学校である寺子屋の四万余をもかかえるほどになっていた。特に寺子屋は一定水準の計算および書記能力を必要としてきた文化文政以降より、維新までの間に大きく伸びていった。

こうした武士および民衆教育の普及の他に、庶民であっても、その身分（武士の子弟ではない）にかかわらず、藩校（ときには昌平黌）に入学を許可される場合があり、学問を通した社会的流動性の高さは、日本社会に大きな活力（ダイナミズム）を生む源泉となっていた。

このように出自の身分だけではなく、教育が高い評価を獲得するようになり、幕末には学問の有無またはその程度がエリートを識別させる基準ともなっていった。そして維新後においては世襲的な身分本位の社会秩序を、個人的能力および業績主義という方向に向けることを容易にしていた。こうした社会的流動性の高さが維新後、下級武士出身者の多くを権力の座につかせることを可能にしたのであった。このような教育による競争を通じての人材選別が、江戸時代においても身分制の上に流動的な抜け道を用意していたといえるのである。

ここで与えられた学問は当然、漢学（漢籍・儒学）であったが、近世における知識人の知的枠組みは儒学によって与えられ、それらをもとに人倫の道だけではなく、自然や社会、政治や経済、歴史や文学までを論じ、考えてきたのであった。そして近世儒学はそれらを思索するに足る内容をもっていた。

それは幕末の佐久間象山が儒学の素養をもとにまったく異質であるところの西洋の学問、文化を理解し得たことにも示されるように、現実に迫っている関心事に対して、政治的にも経済的にも、そしてまた技術的にも対応する力をもっていたといえる。

そしてそれはやはり儒学のもつ「理」より生ずるものであって、「理」とはすべての存在、すべての社会秩序に内在する根本原理であって、その「理」をより深く知ることが学問の本質であり、「理」に最もかなった国家が理想的な国家とされたのであった。儒学のもつこうした「普遍的な秩序と調和」に対する関心は、江戸時代において変わりつつある社会秩序および経済社会の変化にも対応し、考えさせることにもなった。江戸時代、形式的には厳格であった社会制度、経済制度ではあったが、実質的には流動化しているという変則性が、政治、経済、倫理等のあらゆる分野における学問、思想上の探究とともに、革新への動きを助長させてきたのであった。

儒学における「有教無類」の考えは、出自（すなわち生得的な身分）よりも、その後の学びを通した身分を重要視するものであり、親の財産や地位の世襲というような「生まれ」によるよりも、どれだけ学問を修めたかが社会的地位を決める上で強い影響力をもつものであった。生まれよりも教育を通じて獲得される学問がものをいう社会というのは、能力を重視する社会だともいえ、試験で測られる学力・能力が「生まれ」によって決まる家柄や身分よりも、社会での成功を決めるとされる社会である。

どんな親元に「生まれる」かより、どれだけ学問を修めたか（修養したか）の方が、社会に出て成功する上では重要なこととなっていたということは、明治以前においてすでに先進産業社会をつくり上げていく上での社会的流動性の高さという社会システムをもっていたということである。それらが存在していたからこそ福沢諭吉他の啓蒙思想家たちによってさらに触発されることを可能にしたといえるのである。

一八七二年（明治五年）には「学制」が施行され（就学率は明治二九年には九六%に到達）、教育制度の全国的統一が重視されるようになったことは、前述した社会的条件を前提としたものでもあった。明治維新後、身分上の特権が次々に廃止されたことは、逆に教育が人間の経歴における重要かつ決定的な要素となったともいえる。

社会の統合性と高い知的水準という日本の文化的な構造は、文明開化のイデオロギーの伝達および教育の普及、海外知識の摂取においてたいへん効果的であった。文明開化は日本列島のすみずみにまで影響を及ぼしていき、能力と向上心とをもった人材を吸収していった。

このような教育の短期間における普及は一九世紀の西洋諸国においてはもちろんのこと、今日の途上国と比べても類をみないほどであった。さらに、明治期における留学生たちのほとんどが帰国し、日本の技術的・経済的進歩に貢献[10]したのである。これも、すぐれた能力をもつ留学生のほとんどが先進国に滞在したがる、という現在の途上国の留学事情とは異なるものであった。

四　立身出世と崇文思想

こうして明治維新以後、世襲的な身分本位の社会秩序は、個人的能力と業績にとって代わられるようになり、「競争」という要素が否応なしに導入されるようになった。そして能力と努力とをもつ人々は立身出世することが可能となった。こうした社会的流動性は下級武士出身者が権力の座を占めたように、上から下（農民の子女の都市流入）にまでおよび、人々を無差別に保護しつづけてきた共同体的な紐帯がゆるむことによって、士族、農民、商人の間にも選別がおこるとともに、これまでうっ積してきたところのエネルギーが一挙に開放されることにもなった。

特に福沢諭吉を先頭としたところの知識人たちは、ベンサムやJ・S・ミルあるいはスペンサーの思想を導入して、新時代は業績と実践の時代であると呼びかけた。そして人間の権利は平等であり、各自が自身の努力によって富を手に入れるならばそれは決して恥ずべきことではなく、「国を富ます法とて特別に其手段あるに非ず、唯《ただ》全国の人民が人々の私を営んで一身一家を富ますより外ならず」[11]と主張したのであった。

文明開化という文化的・思想的変革によって、解放感と抱負・希望等が主要都市、東京にみなぎっていき、志をたてた青年たちが争って東京に上り、個人的業績を立てようとした。こうして「立身出世」は進歩のイデオロギーを表現するものとなった。明治時代における大きな社会変化は、各人が将来を、すなわち自分の属する集団を、自由に選択できるようになったということであり、能力と機会とに恵まれさえすれば、だれでも出世できるようになったということである。

五　孝の思想と立身出世

学制と同時に出された太政官の「被仰出書《おおせいだされがき》」にも、「人々自ら其身《その》を立て、其産を治め、其業《ぎょう》を昌《さかん》にして、以て其生を遂《と》ぐるゆゑんのものは他なし、身を修め、智を開き、才芸を長するによるなり、而て其身を修め、智を開き、才芸を長するは、学にあらされば能はす、是れ学校の設《もうけ》あるゆゑんにして……」とあり、「立身」、「治産」、「昌業」のための教育がうたわれている。これらも伝統的な思想（儒学思想）を土台とした上での近代化（産業化）への道を求めたものだということができる。

このように社会においては自由な競争、自由な参入が可能となり、立身出世に関しては個人の業績が支配するようになったのであるが、いずれかの社会集団に加入した後は、集団が人間的調和の原理を要求していき、成文化されたもの以上に、多くの不文律が支配する社会[12]でもあった。

しかし近代産業が移植され、それが社会的な重要性をもつようになると、能力と抱負とをもつ青年層が高等教育や専門教育をうけ、企業において立身出世することを求めるようになっていった。そこでは誰の息子であるかということよりも、高等教育をうけたかどうか、また海外留学の経験があるかどうかといったような、本人の経歴が重要な要素となっていた。

こうした、教育による競争を通じての人材選別は、江戸時代においても流動的な抜け道であり、ここには儒学のもつ教育観（崇文思想）「有教無類」（『論語』）の精神が大きく影響していたといえる。儒学における学問、教育の重視は、「科挙の制」[13]にもあるように大きなもので、教育によるある程度の階層上昇の傾向は当初から存在していたといえる。

儒学においては大倫の道（五倫五常）の中でも「仁義礼智信」がその中心になっており、そのすべては「仁」に集約されるものである。それは「儒教は仁なり」にも示されているが、「仁」というのはさらに「孝」をさすものであった。それは「孝悌とは、それ仁の本なるか」（『論語』）、「親にしたしむは、これ仁なり」（『孟子』）にみることができる。

「仁」とは人と人との親愛の情であり、この親愛の情は親子の愛情からはじまるものとされ、これが「孝」であった。したがって儒学における「四書五経」および主要経典の十三経においてはすべからく「孝」が説かれており、『孝経』はその中心的なものであった。ここでは「孝は徳の本なり、教のよって生ずる所なり」と述べられており、「孝」は儒学の実践倫理としては最高の道徳的根元をなすものであった。そして『孝経』の開巻第一に書かれているのが「身体髪膚、これを父母に受く、敢えて毀傷せざるは孝の始めなり。立身行道、名を後世に揚げて、以て父母をあらわすは、孝の終りなり」[14]である。ここからも立身出世は大衆的基盤をもっていたのであり、学問を通しての社会的上昇の可能性は強く動機づけられていたといえる。

六　アヘン戦争と「技術力」

佐久間象山は朱子学こそが唯一の「正学」であると信じており、象山が朱子学へ傾倒した背後には、その正しさに対する確固たる信念とともに「治国平天下」[15]に関する強い関心が存在していた。象山は治国への関心を強くもったがために、正しい学問を普及させることを激しく主張したといえる。「経世済民」の目標を堅持し、学問と治国との一致を強調する点においては、象山の学問態度は次の言葉に最もよく示されている。すなわち「儒者の学、世を経《おさ》め民を済《すく》うを以て務となす。学以て世を経め民を済うに足らざれば、儒に非ざるなり」と。

もう一つ、佐久間象山は朱子学の「格物致知」(「格物窮理」)の理論を非常に重視し、これを自然科学的方向にひきつけて理解しようとしていた。象山のこうした関心が朱子学に傾倒させた前提でもあったといえ、象山は「天下の物に即してその理を窮むる」という、格物致知[16]に関する朱子の『大学章句』の言葉を最も尊重していた。

しかし象山はその後蘭学をはじめるのであるが、そのきっかけはアヘン戦争(一八四〇〜四二年)への衝撃であった。この戦争において「聖人の国」シナが「夷狄《いてき》の国」イギリスに打ち破られたことは、支配層に対して強い衝撃を与えた。象山もこれによって対外的危機を意識し、海防に対して強い関心を示すようになった。

このように象山を蘭学へと駆り立てたものは激しい対外的危機感と軍事技術に対する関心であった。象山にとって蘭学を学ぶということは「彼を知り己を知る」ためであり、「当今外寇の急務は彼を知るより先なるはなく、彼を知るの方法は、彼の技術を尽くす要なるはない」[17]と考えられたからであった。

こうしたアヘン戦争からの衝撃と、その後の西洋列強の圧力とは、「経世済民」を求めつづけた佐久間象山に「国力第一」の意識をもたせることになった。そして西洋の自然科学的知識を評価し、それを根底から摂取しようとした象山の思想の基には朱子学（程朱学）があった。一般的にも儒学的世界への近代自然科学の導入には、朱子学が大きな役割をになってきたといわれている。

それは朱子学においては「理」を宇宙万物の窮極的実体とみる合理主義的形而上学が打ち立てられているため、宇宙万物に即して客観的に「理」を明らかにしようとする「格物致知」（「格物窮理」）の方法が強調されたためであった。こうした朱子学の考え方は、近代合理主義と大変近いものをもっていた。したがって象山は朱子学の「理」を「物理性」の優位において捉え、どちらかというと「人倫日用」よりも「物理」の把握の方を重視する傾向をもっていた。

象山の、宇宙万物には普遍的な「理」が存在するという観念は、自然科学に関しては「理」は一つしかなく、したがって国境はなく、普遍性を認めるという態度となっていった。それは「格物窮理」も西洋の自然科学も「理」を求めている点においては同じであり、それゆえ「理」（普遍性）を求める学問においては「東洋」のそれも「西洋」のそれも同じであるということであった。それが象山が西洋自然科学の普遍性を認めた大きなゆえんであり、こうした儒学における「格物窮理」の普遍性への信念が、西洋の科学技術の摂取に対しても、これを生かす道と考えたのであった。

このように象山は朱子学の「格物窮理」を近代自然科学の実験的実証的方法へ解釈しなおそうとし、自然科学的な合理的思考方法をはっきりとあらわしてきたといえる。それは西洋の自然科学が実証的方法においても認識的方法としても、東洋のそれよりはるかに優れているととらえたからであった。

象山においては西洋の自然科学的方法を導入し、それを積み重ねていくことによって、東洋のもつ「窮理」の力をさらに培い、西洋に負けないような、または圧倒する程の力をつけられるととらえたのであった。これが象山がいうところの「東洋道徳、西洋技術」につながるのであるが、「格物窮理」はこれを延長させていけば自然科学こそ学問の基本だというところに到ることになる。しかしそれでは「道徳」が「本」で「技芸」は「末」であるという儒学本来の学問観を崩すことになってしまう。

七　日本の近代化と朱子学

日本では朱子学は「理」を究極の実在とし、万物を万物たらしめる存在根拠としていた。そこには二つの面があわせもたれているのであるが、そのうちの物質を構成する原理であるところの万物の自然法則「物に就きて其の理を窮むる」、「一草一木一昆虫の微に至るまで各亦理有」という即物的、個別主義的な面が経験合理主義へと向かわせていた。これはさらに推し進めると、万物を万物たらしめている万物の存在根拠を直観的に把握するという目的合理主義へと向かうものとなった。

これに対して同じ朱子学でも中国・朝鮮においては形而上的な理体、実体のない無限定者としての超越的性格の「理」の側面を強化し、価値合理主義へと向かわせていった。こうした形而上的な理体を強化したところの価値合理主義へと向かった中国においては思弁的、訓古的、形式的斉合性を好む方向へと向いていき、経験科学を育てることができなくなっていった。

一方朝鮮においては、朱子学は心の学問として深化していき、長幼、朋友の倫理を基礎として、「理」の哲学を展開していった。そして道義の学、道徳の学としての面を強くもつようになり、「理」による社会統合への方向が求められるようになっていった。このように中国・朝鮮においては内省的な修養方法や精神主義的方向に立つ道徳学が中心となった思弁主義的、儀礼的な方向に流れていき、朱子学のもつ客観的・実証的な側面は捨てさられていくようになった。

これに対して日本では、朱子学のもつ合理的、客観的、実証的な側面をより強く導入していったために、道徳的、価値合理主義的傾向の強い中国、朝鮮よりも、経験的、合理的側面の強いものとなった。「理」は全存在の根拠であるとともに、自然と人間のあるべきあり方であり、この人間のあるべきあり方を道徳的価値的に「気」に優位するものとしてとらえたのが中国・朝鮮の朱子学であった。

朱子学の内容はいくつかに分けられるが、その第一が存在論、すなわち「理気説」であり、第二が倫理学または人間学としての「性即理」[18]の説である。「性」とは天より命ぜられた「道徳性」でもあり、たいへん倫理的であるとともに朱子学の中心をなすものであった。

その一方、「存在」はすべて「気」によって構成されていると考えられており、原子論的、生気論的なものを含んだところの物理原理でもあった。したがって気の哲学は唯物論へと通じるものともいえるのであるが、それら存在するものすべてが「あるべきようにある」のであって、単に「ある」のではなかった。そしてこのあるべきようにあらしめているものが「理」であった。

朱子学における「理気説」を最も倫理的、人間学的にとらえた中国・朝鮮においては、人間の倫理的課題は「本然の性」にかえることであった。「性」とは具体的、内容的には「仁・義・礼・智・信」であり、最高の「性」であるところの「仁」に向かって「己に克ちて礼に復《かえ》る」（『論語』）ことであった。

八　江戸期における経営理念と資本主義の精神

日本の近代化は儒学による教育の重視とそれによる社会的流動性、および『学問のすゝめ』にもあるような「人間普通日用に近き実学」を教育制度の中に実現しようとしたこと、および佐久間象山がいうところの「東洋道徳、西洋芸術」による科学技術の発展などに負うところが大きかった。ここにさらに儒学的経済観としての「節約」や「誠実＝正直」などが加わり、商人における経営理念が近代化の原動力として働いていたことも大きかった。そしてそれは家訓、家法によく示されているように、そこには徹底的な利益極大化の精神が存在していた。

先にもみたように、儒学においては節約という道徳を徹底させるとともに、儒学文化圏における経済観の核心ともなっている孝文化、すなわち『孝経』にあるところの「身を謹み用を節し、以て父母を養う」というものがあった。このように「節約」は人格にまで高められると同時に、敬意に値するものでもあった。

これは基本的には儒学文化圏である東アジア諸国が農業社会であったために、それに基づいた経済観、すなわち年一回の収穫で一年を過ごすためには節約が重要となってきたというものだともいえるのであるが、そうした観念が大成されたのは江戸時代であった。そして節約は貯蓄ともつながっていき、それは「始末」ともいわれた。そこには「質素」、「堅実」、「思慮」という価値観も含まれていた。

さらに「正直」も長期的商業の繁栄には重要なものとなり、商人間の信用制度、長期的な取引関係には欠かすことができないものであった。これらから「始末」、「知恵」または「才覚」（賢明、敏速、綿密なる判断および計画）、「算用」（損益に対する正しい計算からくる家産の増大と家の繁栄）などという商人価値観が生じてきたのであった。これらは「家訓」、「家憲」によく示されており、三井家や近江商人、商人の倫理を説いた石田梅岩の『都鄙問答』などによく現れている。

三井家家訓は『町人考見録』、『商売記』他に示されているのであるが、『商売記』には「遠国の田舎もの、女童に盲人も買いに参候ても、……現金そうねなしに商売致し……買物直ぎり申さず、何ほどの買物にても、此方付札の通、買物悦参り候」とある。ここにも「薄利多売、現金掛値なし」、「正直と信用、誠実な商い」をむねとした経営理念があった。

それは商人の利得行為には自ら道があり、店も客もともに有利になるようにと考えられており、それは「交換の正義」ともいうべきものであった。また、天保二年（一八三一）の高島屋の『掟』においても「確實なる品を廉價にて販賣し、自他の利益を圖るべし」と書かれている。

商売による利潤は正当な行為（「天道」）ともみなされており、『町人考見録』においては「町人は商売それぞれ分るといえども、先は金銀の利足にかかるより他なし」、「一日も仁義をはなれてはひとにあらず、然りとて算用なしに慈悲を施す、愚かなり。仁義を守り軍師の士卒を遣るが如く、商ひに利あるよう心得べし」と述べられている。「仁」および「義」という人倫を守りつつも、「算用」により「利」を求めることは正当な行為（正直）であった。

それとともに「天地の間に生有るものは、皆々其業を勤めて食を求むる事、天性自然の道理也」として勤勉や労働を教えている。こうした勤労道徳と蓄財、始末と算用とは欠かせないものとなり、薄利による純益は稀少なものであるだけに費用の節約は重要なものであった。

近江商人においても「勤勉、始末、正直、堅実」は経営上の大きな理念であった。それは「勤勉忍耐」、「勤倹努力」とともに「堪えがたき苦労を厭わず、かせぎ働く」ものであり、創意を発揮し商機をつかむ才覚があった場合でも、それはあくまでも正直と堅実という原理の範囲内でのものであった。良質の品を薄利で売るということが基本であり、顧客の信用こそが重大なものであった。これは「人生は勤むるにあり……勤むるは利の本なり、能く勤めておのずから得るは真の利也」と中井家の家法（「中氏制要」）にもあるように、勤勉こそが利益の根源だとされているのである。

禁欲においても「足ることを知る」ことによる奢侈的欲望の抑制を求め、商売の道も人倫の枠内にあるという儒学的倫理観の強いものであった。こうした営利の追求を町人の職分とし、「利を取るは商人の正直なり」とした上で、勤労、正直、倹約という徳性を強く求めた。人間的欲望を抑制することによって高い倫理性をもつに至った経済理念は、この後、石田梅岩においても強くみられることとなる。

梅岩は「商人の売利も天下御免の禄なり」と述べ、職分に励んで得た利も武士の禄と異なるところのないことを示している。また、「我が身を養わるる売り先を粗末にせずして真実にすれば、十が八つは、売り先の心にかなうものなり、……その上第一に倹約を守り、……」[19]と述べて、売買において偽らないこと、道に外れないこと、本心にかなうこと、私曲なきことなどが「正直」といわれており、こうした利をむさぼらない正直さと精励努力こそが利をまねくものだとしている。

こうした「道」にかなった行いと勤勉「倹約」こそが梅岩が最も求めたものであるが、それはまた経営の合理化につながるものでもあった。経費の節約と利益を低減する心が自他ともに利益を生み、貯蓄とそれによる富を生ぜしめるというものであった。梅岩は『論語』における「斉家」に倹約の倫理性を求め、商人、町人の「斉家」をすべてのもととし、その上で「倹約」を説くとともに、「倹約」を私欲で歪められた人の心を正しい心に戻すという内面性によって最高の徳へと近づけていった。

このように儒学の「斉家」の思想は「倹約」へと向かい、儒学的精神を強く表すとともに、「斉家」も「倹約」も商家における家訓の重要な徳目となり、代々受けつがれるようになっていった。こうした「世俗的禁欲」、すなわち勤労と節約[20]とを重んずる職業倫理（儒学的倫理観）は、信用と等価交換、計算と合理的な経営という近代の資本主義に必要な精神を備えることができたといえる。

九　儒学と合理性

心学思想を学んだ上で、さらに「仁」と「富」、「義」と「利」とを相容れるものとして、儒学的倫理観と経済的合理性とを結合しようとしたのが明治初期の渋沢栄一であった。しかし、渋沢にかぎらず、明治の近代化における経済的合理主義および功利主義的思想の形成には「日本的」に受容されてきた儒学の影響を無視することはできない。

特に朱子学は訓古主義的、考証学的な学から「人倫日用」をうたう学へと向かっており、宇宙を「理」と「気」ととらえ、価値論的にはそれは「天理」と「人欲」、すなわち「彼岸」と「此岸」との緊張としていたために、「此岸」に対してもただ「適応」するだけではなく、「理」を根拠とした積極的な改造という態度をもっていた。これはM・ウェーバーのいうところの資本主義の精神にもつながるものであった。

また、朱子学においては「敬」（世俗活動において全精神を集中する態度）を尊ぶとともに、それは「敬業」として「天職」観念と同じものになっていった。特に陽明学における、それぞれの職業に「心を尽くす」ことにおいて四民は平等であるという思想への発展は、世俗職務遂行の倫理を社会大衆にまで普及させた。そして儒学倫理は商業界にまで押し広められていくと同時に、商人の地位の上昇をももたらすことになった。

このように朱子学においては「天理」にその基をおいた商人の実践道徳としての、「勤倹」や「誠信」などの精神をもたらすとともに、商業における致富を大業としてとらえ、営利に向けて最も有効な方法を追求し（合理化の過程）、時間の浪費を人生最大の罪とみなすという、近代社会および近代資本主義成立に必要な要素を強くもっていた。そうした自由で躍動的な要素が日本の近代化およびその後の発展に大きく影響を与えたといえるのである。

このようにして江戸時代における日本のエートスは、日本の近代化に大きな影響を与えると同時に、東アジアの他の国々とは異なるものをもっていた。日本の近代化は非西洋の、そして後発の国として、西洋の文化伝播（摂取）によってなしとげられた（その近代化は後発国の中では最も早く行われた）ものであったが、そこには「儒学文化」が大きく働いていたのである。

六　ウェーバーによる近代化テーゼと諭吉

一　ウェーバーの近代化テーゼと儒教倫理

ウェーバーは近代ヨーロッパとは何か、という問いから出発し、その特性を合理的資本主義ととらえるとともに、それはどこから生まれてきたかを明らかにしようとした。そしてここに出てきたのが「宗教」と「経済」との問題であった。それはウェーバーの「プロテスタンティズムの倫理と資本主義の精神」[1]によく示されている。

これはさらに、なぜ他の時代、他の地域では近代ヨーロッパのような合理的資本主義は生まれてこなかったのかという疑問となり、それはその後の「諸世界宗教の経済倫理」[2]に結びついていった。そしてこれは「比較宗教社会学的試論」にはじまり、次々と研究されていった。

これらをとおしてウェーバーは世界諸宗教の比較の基準を合理的予言（倫理的予言または召命的予言ともいわれるもので、予言者が神の命を受け、大衆にその命令への服従と履行とを要求する）と模範的予言（たとえば仏陀のように自らが解脱の模範を示す）との二つに分けるとともに、禁欲主義（神の道具であるという自覚のもとで行為に専心）であるか、神秘主義（神秘的状態にあるという意識のうちに安らぎをみだす）であるか、どのような社会層を担い手として成立しているか等においた。

そしてカルヴァン主義者たちは救いの確証を得るために、自ら神の栄光をこの地上にもたらす道具として職業労働に励み、現存の社会秩序を神の意思どおりに合理的に変革すべく禁欲的な生活態度を確立していった、としたのであった。これに対して、中国では政治（まつりごと）または儀礼をとおした伝統的な秩序への適合と祖先崇拝、呪術的信仰などに束縛されており、宗教も支配者層の宗教である儒教と、大衆の宗教である道教とに分かれており、重層構造になっているとした。

また、インドにおけるヒンズー教は業（カルマ）と輪廻（サンサーラ）[3]とにとらわれており、仏教も瞑想を通じ、悟りの境地に達しようとする遁世的な性格をもっているために、たとえ禁欲が存在していたとしても、それらは大衆のエートスとはなり得ないとしたのであった。それゆえ、近代ヨーロッパにおける普遍的合理主義は、万人に対して誠実公正に営利追求することを義務とみなすピューリタンによってのみもたらされるものであるとされた。

このようにウェーバーは宗教という視角からその宗教を支えている社会の基本構造をあきらかにしようとした。そこでウェーバーが得た最も大きな関心は西洋史の中に流れているイスラエルの文化と、それと最も対照的なところに位置する儒教文化であった。これはウェーバーの「儒教とピュウリタニズム」によく示されている。そしてここでウェーバーが両者を比較するにあたり、最も大きな違いとしてあげたのが「人間」(person) に対する両者のとらえ方であった。

それは「人間」に対してピュウリタニズムの論理が、きわめて感情的なものをおさえた、持続的、内面的統一、形式的、心理的なものをさしているのに対して、儒教におけるそれは感性的、外面的な「人間」そのものを意味しているからであった。

こうしたピュウリタニズム的な「人間」観と、儒教的なそれとは大きな違いをもつと同時に、ピュウリタニズム的「人間」観は儒教的人間観を否定したところにあるともいえる。そしてこのちがいこそ両者の間にある教義的、本質的相違であるところの、「人間観」における「罪」の意識であった。

キリスト教では、人は神の前においては「原罪」(4)により、とうてい自分自身では救いに到達しえないものをもっているとされている。しかし儒教においては「人間的なもの」は決して否定されるものではなく、肯定されるもの（「仁」(5)とは最も人間的、本源的感性より生ずるものの総称とされており、かつ最高の位におかれている徳目）であり、そうした生まれながらの人間、感性的な人間を「秩序」によって、より完成させようとしたものが儒教倫理であった。したがってそれはあくまでも人間を肯定した上で、人の道を求めたものであった。

それゆえ、ピューリタンにおいては被造物的な、堕落をしていると考えられているありのままの人間、および人間関係を肯定した上で、それをより完成させていくためには修養が必要となるのであった。またそうした人間関係の中でも、時代をさかのぼるほど血縁関係（氏族、家族、親子等）が重要視されており、特に原始儒教の影響の強い中国、朝鮮においては、こうした血縁関係より生じた「孝」(6)に最高の価値がおかれた。日本においては新儒教である朱子学の影響のほうが強かったため、この原理を社会的な秩序原理としたところの「忠」(7)にウエイトがおかれるようになっていった。

いずれにしろ、こうした人間的なもの、血縁に対するとらえ方、価値のおき方は両者においてまったく反対の価値となっており、キリスト教の教義では「私よりも父または母を愛する者は私にふさわしからず」[8]とあるように、神の前では血縁関係は下位となっており、被造物的な堕落した人間関係は完全に否定されなければならないものであった。

二　現世肯定と現世否定

こうした堕落している生来の自己を矯《た》めなおし、罪のうちにある現世、世俗的生活を聖化しようとするところから強烈な能動的、積極的な態度が生じ、それはおのずから現世の生活の組織的、方法的な改革という姿をとるようになった。そして原罪により、堕落した人間は、神の恩恵なくしては自ら一片の善もなしえないのであった。

しかし儒教においては、現世[9]はさまざまな世界の在り方のなかで一番よいものであり、人間の本性も本来倫理的には善[10]なるものであり、修養によって原理上無限に完成の域に近づいていく能力を、自分の内にもっているというものであった。

それは孔子の「七〇にして心の欲するところに従えども矩をこえず」[11]に示されているように、修養を重ねることによって聖人の域に達するというものである。そしてその中心にあるものが「道」[12]であり、一定の理法、世界秩序を支配する理法に従っていくというものである。したがってここにはキリスト教にみるような罪を罰し、また許すという神と、罪のうちにある人間とのつきつめた緊張関係はない。

これに対してパウロは、ユダヤの律法は欠くところなく守ったにもかかわらず、自分が努力すればするほど罪は増し、自らが罪人であることをさとっていく。被造物的に堕落した人間には、神に向かって一歩も進む能力はなく、どんなに修養をつんでも、救いを自分の力で獲得することはできないだけではなく、かえって罪人の「頭《かしら》」という自覚が強まるばかりであった。これは儒教において現世も、生まれながらの人間も、無限に完成していく可能性をもつものとしてとらえられているのとは大きな違いであった。

こうした儒教の現世肯定とキリスト教・ピュウリタニズムの現世否定とは、現世に対する働きかけと変革への精神的エネルギーが大きく違う。カルヴィニズムにみられるように、神の栄光を増すためにはこの現世を神の国に近づけるよう努力をするとともに、それは最大の義務でもあった。そしてまた現世をよりよくしようとする行為そのものが神に救われる証しとなっていく。

これは〈Beruf〉、〈calling〉に示されているように、ある使命を果たすよう神から呼びかけられているものので、召命、すなわち神から与えられた使命とされ、世俗的な職業ともなるものであった。神から与えられた使命として現世の仕事に従い、神の道具となって栄光を増し加えようとするところから、ピュウリタニズム独自の内面的品位の倫理がうまれてくることになる。

そこでウェーバーは人間の内面的なエートスに発するピュウリタニズムを「内面的品位の論理」とし、現世を積極的に変革しようとする志向こそが資本主義の発達をうながす根本的な要因であるとした。これに対して儒教の内面性の欠如は、所与の環境への適従という、社会生活における消極的な性格を対応させるようになる。そして儒教はこうした「特定の内容をもたない態度それ自体」が尊重され、形式や儀礼にとらわれた外側のポーズそのもの、すなわち「外面的な品位」のみに価値がおかれているとした。

ウェーバーはこのように、人間の内面的エートスに発するピュウリタニズムを高く評価するとともに、儒教は近代の産業資本主義の発展とは相容れないとした。それはピュウリタニズムが現世との緊張関係の中で、それを積極的に変革しようとしているのに対して、儒教は現世に対してそのまま順応しようとする消極的なところがあるところに求められている。すなわち儒教は禁欲的な功利主義に立脚した責任倫理を欠いているところに、資本主義的発展を不可能とする要因があるとし、形式や儀礼にとらわれている「外面的な品位の倫理」としたのであった。

ウェーバーは西欧にはじめて出現した近代社会は、合理主義をその本質としており、それは最も合理的な宗教、プロテスタンティズムによってのみ可能だとした。ウェーバーは東洋における儒教にも合理主義を認めたものの、それは西欧の合理主義、すなわち呪術から解放された禁欲主義的なものではなかったため、「宗教の合理化」としては両者にその存在を認めてはいるが、それが禁欲主義的であるか、神秘主義的であるかによって、社会的帰結としては大きな違いをもつとした。

それは禁欲主義のもとでは、人々は神の下僕となり、神の命令を忠実に実行するときに救われる、とされているために、その合理化は宗教という領域にとどまらず、他の領域まで、神の命令に即してなされるよう向けられるため、世界をも合理化し得るとしたためであった。

ここに、職業義務の遂行は神に喜ばれる唯一の手段として、宗教的に価値づけられるとともに、神と現世との関係は緊張関係となり、それらを合理的に克服しようとする強いエートスがつくりあげられるとしたのであった。ピュウリタニズムにおいては禁欲的な現世拒否という形をとることによって、現世の合理化が最も重要な意義をもつものとなり、現世を超越する神の摂理と神の自由な恩恵、および救済へと全関心が向かうことになった。

このようにして神の祝福は神の聖意にかなう行いをすることとなり、現世を超越する神と、倫理的に非合理的な現世との関係から、所与の世界を「支配」し、これを合理的に「改造」し、進歩へ向け合理的に「統御」していこうとする強力なエートスが生じてきた。そこには「内面から」発するところの、すなわち自己の内部に態度決定の中心があり、それによって規制されているのであった。

三　宗教と合理化の問題

ウェーバーはこのように、ある宗教がどのような合理化の段階を示しているかを判別する場合、その宗教がどこまで呪術を払拭しているか、そしてまた神と現世との関係において、どこまで現世（世俗世界）に対する固有の倫理的関係をもち、組織的に統一されているかに求めたのであった。

神秘主義においては人々は神と一体となるような状態がもとめられるため、神と人とのへだたりが少なく、また神を内在させようとするために、合理化は宗教の中にとじこめられてしまう。ウェーバーは『儒教と道教』において、道教を儒教の異端説ととっており、儒教は「呪術を現実に救済をもたらすもの」として放置しているととらえているのである。

たしかに他のアジアの宗教は呪術的傾向を多分にもっているが、儒教は孔子によって、それまでの儒（原始儒教）のもつ呪術的、神秘主義的傾向をほとんど払拭してきたのであった。それは孔子においては、神（超越的な存在の者）は人の力ではわかり得ないもの（不可知論）[13]として遠ざけてしまっているところにも示されている。

さらに宋代に入ると、儒教は朱子学として哲学の域にまで高められ、儒教哲学（儒学）として完成していった。日本においては特に、儒教からは倫理、哲学的要素を強く導入し、江戸時代をとおして朱子学がその主流であったため、神秘主義的な傾向はほとんどもっていなかった。

ウェーバーは儒教を神秘主義的、呪術の宗教としてとらえているために、現実の中で現実と格闘し、現実を変えていく力に欠けるとしているが、朱子学は合理的側面が強く、同時に呪術的なものからも解放されており、神との一体をもとめるところの神秘主義からも解放されているといえる。

したがって儒教とピュウリタニズムの倫理との決定的な相違は、儒教は非常に現世中心的、現世肯定的であるということである。儒教においては超越神、唯一絶対の神をもっていなかったため、現実を否定する力をもち得なかったのである。

それだけに現実をいかに合理的に秩序づけ、調和させていくか、そしてまた現世での自己実現をどのようにしていくかに力点がおかれるようになった。また、先にみたように儒教には「プロテスタンティズムのもつ『内面から』発するところの」すなわち自己の内部に態度決定の中心があり、それによって規制されるような「統一性」が欠如しているために、「自覚的」な合理的自己統御および、そのための前提となるものが「中庸」だったのである。

プロテスタンティズムが真正の預言に基づき、「現世」は規範にしたがって倫理的に形成すべき材料として、一つの価値基準に合わせて自己の生活を「内側」から組織的に方向づけていこうとするのに対して、儒教は「現世」における「外側」の条件に対する順応というかたちをとってきた。

したがって儒教論理においては自己の行為の推進力としてはたらく最も大きな動機を、人間諸団体内部において発展させ、人間関係を含めた「関係」の中にリアリティーを求めさせてきたといえる。

四　産業化時代のエートスとしての合理性

ウェーバーがいうように、近代の産業化時代のエートスが合理性と勤勉性であるとしたら、プロテスタンティズムのもつそれとは違っていたとはいえ、日本においてはそれらがすでに江戸時代に培われていたということが、他の非西欧的な伝統社会とくらべて、きわだった近代化過程を経ることができた要因だったといえる。近代産業国家にとっては価値体系における経済的価値に非常な重要性がおかれるとともに、それは手段の合理化過程をさしており、さらに、与えられた目標に対してどれだけの合理性をもって到達できるかにかかっている。

日本の場合、それは江戸時代に求められ、宗教・文化的価値が社会的価値をつくり上げ、それが日本を近代の産業国家として変革するのに必要なものを与えてきたとみることができる。すなわち、ウェーバーがいうところのプロテスタンティズムの倫理より生じたところの勤勉、倹約、貯蓄、投資などが、そうした背景をもたない日本においても存在しており、日本の資本主義の成立とプラグマティズムの成立とに大きな影響を与えてきたといえる。

これまでみたように、儒教的倫理とは「所与」の秩序において、自分に最も近く位置する具体的な人間に対してのものであり、家族への恭順、強固な氏族共同体の団結、仲間共同体などの「関係」に注目するものであった。これはプロテスタンティズムにおける倫理的、禁欲的な諸信団（ゼクテ）がなしとげた功績、すなわち氏族的紐帯の破壊および血縁共同体、家族よりも、信仰および倫理に基づいて築きあげられた生活共同体の方を優位におく、というものとは大きな違いがあった。

それゆえ、ウェーバーは儒教においては、政治および社会における組織形態があまりに人的な諸関係と結びついているために、目的結合的な経済上のゲゼルシャフト的な形態がとれないとした。しかし日本においてはウェーバーのいうところの近代資本主義を発展させた目的合理主義をもっていたために、中国、朝鮮とは異なった「合理性」と、そこからしか生じえないとされる「功利主義」とを導入することができたといえる。そしてこれに大きく役立ったのが江戸時代における朱子学の発展であった。

そして朱子学受容にあたって日本がとったのは、朱子学のうちの目的合理性であり、これはウェーバーのいう「合理性」に最も近いものであった。日本では朱子学のもつ「理」の性質のうち、より経験主義的な側面に傾いたため、「物の理」への追求が経験合理主義を発達させ、科学技術の発展をうながし、それらは目的合理主義へと向かっていった。これはさらに「理」のもつ形而上的、道徳的側面などの主観性を批判し、科学的方法論を導くようになるとともに、「自然の法理」を帰納的に追求し、必然的な法則を明らかにしようとする態度にもつながった。

こうして日本においては「物の理」を探究する実学がさかんになっていき、西洋のように、あらゆるものに貫徹する理法を研究するというような、普遍的な原理の究明を行おうとするものではなかったけれども、「一事一物」の理を明らかにしていこうとする日本的合理主義をかたちづくっていった。

しかし、中国（朝鮮）においては自然への卓越した洞察力をもちながらも、価値合理主義に傾きすぎていたために、分析を敬遠し、帰納的な証明や実証への合理性が欠けていた。そのため近代科学の発展や資本主義のエートスに寄与することができなかったといえる。

儒教は厳密な意味では「宗教」ではないといえる。それゆえ日本においては神道とも結びつき、それとの共存も可能であった。それはキリスト教やイスラム教とは大きく違うところであり、「信仰」というよりも、社会的な規範、道徳律であった。それゆえ現世肯定的な儒教的合理主義は「実学」と経験主義とにより、工業化、産業化など、近代化のための基盤整備に役立ったといえる。

儒教はアジアの宗教の中ではウェーバーが批判したところの呪術性や、神秘性は最も少なかったのであるが、キリスト教がもつところの現世との緊張関係がないために現世肯定的であった。それゆえ現世適応的な功利主義的倫理をもつことができた。アジア的宗教が一般的に一神教的な倫理化、普遍化を有していない中で、儒教は倫理的性格（人倫秩序）と意志的性格（目的的）とを強力にもっていた。

五　日本と中国・朝鮮

儒教は親族（血縁）の原理のつよいアジア社会において、「人為」によってあるべき人間の姿、人間界の秩序を与え、社会における人間関係の倫理体系をつくりあげようとしたものであるが、それが人間が集団生活を営む上での秩序および社会に高度な組織をつくりあげることを可能にした。ここに儒教はウェーバーのいうところの「アジア的社会」を止揚することができたといえる。

しかし、日本と他の東アジア諸国（中国・朝鮮）とでは儒教の教義における受けとり方に大きな相異があった。人間集団（国家・家族）の「在るべき」秩序に対して、国家という大きな集団における共同体意識に基づいた「公的」倫理体系である「忠」にウェイトをおいた日本と、家族という小さな集団における共同体意識に基づいた「私的」倫理体系である「孝」にウェイトをおいた中国、朝鮮とでは、その後の社会原理および近代化、資本主義のエートス等に大きな違いをもたらした。

朱子学においても、万物を万物たらしめる存在根拠としての「理」、究極の実在としての「理」の受けとり方にも相違があった。日本はそのうちの形而下的な理体、すなわち物質を構成する原理であるところの万物の自然法則の探究へと向かい、即物的、個別主義的な面から経験合理主義へと向かっていった。これはさらに推し進めていくと、万物を万物たらしめている万物の存在根拠を、直観的に把握するところの、目的合理主義へと向かうものであった。

これに対して中国、朝鮮では形而上的な理体、実体のない無限定者としての超越的性格の「理」の側面を強化した価値合理主義へと向かっていった。そして日本が江戸時代を通じて経験（知的面）・目的（行為面）合理性として発展し、かつこの時期を通じて「大衆的」な基盤をもつようになったのに対して、中国、朝鮮では形而上的な理体を強化するところの価値合理主義へと向かい、思弁的、訓古的、形式的斉合性を好む方向へと傾いていった。そのため、これらの国々では経験科学を育てることがむずかしく、さらにこれらは士《し》太夫《たいふ》および両班《やんばん》階級のものにとどまっていたため、大衆的な基盤ももちにくかった。

こうした儒教の担い手の相違、および合理性の違いが実学、経験科学の上に大きな影響を与え、近代化とその後の発展（政策）上に大きな相違を与えたといえる。儒教思想の中心ともいえる「家族」、「礼」、「高級官僚制度」は、日本においては目的合理的に「家」という「私的」なものから「国家」という「公的」なものに、また「孝」という「私的」なものは「忠」という公的なものに変わってきた。「礼」は「社会の秩序原理」となり、「高級官僚制度」は明治期の日本の近代化における上からの、政府主導の近代化を可能にした。ここにウェーバーのいうところの、目的にあわせ最も効率的に、秩序正しく行動ができる組織、を有することになったのである。その意味において、江戸期における朱子学の日本的な受容の仕方は、日本を近代国家として向かわせていく上で大きな役割をになったといえる。

さらに、近代資本主義にとって欠くことのできない「功利」の思想も培っていった。労働と生産、売買と交易などの倫理規範をつくっていったのが江戸中期の新しい日本的儒学学派、石門心学であった。この心学思想を学び、この上に「仁」と「富」、「義」と「利」とを相容れるものとして、儒学的倫理と経済的合理性とを結合しようとしたのが明治初期の渋沢栄一であった。それらは『論語と算盤』、『義利両全』[14]などの書物として著わされている。

しかし渋沢にかぎらず、明治の近代化における経済的合理主義および功利主義的思想の形成には、これまでみてきたような「日本的」な儒教の受容の仕方（儒学）が大きくかかわってきたといえる。

六　宗教倫理と近代化へのエートス

近代化および経済が発展する要因は、内的、外的要因を含めいろいろあるが、経済行為に影響している「宗教倫理」は、その内の大きなウエイトを占めていることはウェーバーによって示されてきた。しかし、ウェーバーの「宗教社会学」は「儒教」・「道教」に関しても、時代によって大きな違いがあることや、経済行為に影響を与えた「宗教倫理」にしても、上層のもののそれと、民衆レベルのそれとに別があることをぬかしている。

さらに中国においても一般民衆は儒・仏・道の三教を無差別的に受け入れているのであって、この状態は日本においても基本的にはかわらず、ただ道教が神道にかわっただけだといえる。そしてこれら三教は相互に大きく影響し合っており、ヨーロッパの宗教のように境界を明確にし、陣営を峻別して、まったき信仰を課そうとしているものではない。

仏教、道教においてもその後新たな発展があり、仏教は禅宗として新しい精神運動がおこってき、「節倹」と「勤労」とが禅宗の新しい経済倫理となっていった。「一日作さざれば一日食らわず」[15]である。道教においてもこれまでの方術にたよるところから脱して、労働を重んずるようになり、「世俗でその本分を尽くすことが、超越・解脱の唯一の保証となる」ことを説くようになっていった。

一方、儒教においても宋学（朱子学）とよばれる「新儒学」は訓古主義的、考証学的な学から、「人倫日用」をうたう学へと向かい、宇宙を「理」と「気」、価値論的には「天理」と「人欲」、すなわち「彼岸」と「此岸」との緊張が大きな主題となっていった。これにより儒学も「此岸」に対して、ただ「適応」しているだけではなく、「理」を根拠として積極的な改造の態度をもつようになった。

しかし儒教はその「理」を「此岸」の外に求めるのではなく、「此岸」本来のあるべき姿とみなす「内在超越」の立場をとっているために「此岸」と「彼岸」との関係は不即不離のものとなり、その緊張も内在的なものとなっていた。

ウェーバーはこれをもって儒教は此岸のすべての秩序と習俗とに対して「適応」の態度をとっているととらえたが、新儒学（朱子学・江戸時代の日本が強く受け入れた）はたいへんに厳粛な態度をもって此岸の負の力であるところの大欲と対峙し、これを克服しようとしてきた。

朱子学においては「敬」（世俗活動において全精神を集中する態度）を尊ぶとともに、それは「敬業」として「天職」観念と同じものとなっていった。特に新儒学の朱子学とならぶ、陸象山からその後の王陽明に至る新しい儒学（陽明学）は、世俗職務遂行の倫理を社会大衆にまで普及させ、これまで「士」を重んじてきた伝統から、それぞれの職業に「心を尽くす」ことにおいて四民は平等だとする思想を生みだしてきた。これによって儒学倫理は商業界に推し広められていくとともに、商人の地位の上昇をもたらすこととなった。

このようにして朱子学のもと、「天理」にその基をおいた商人の実践道徳、「勤倹」や「誠信」などが生まれてくるようになり、それらは決してウェーバーがいう「内在的価値の内核を欠いた」ものではなかった。それらは商業における致富を大業としてとらえ、営利に向けて、最も有効な方法を追求し（合理化の過程）、時間の浪費を人生最大の罪とみなすという精神を生みだしてきたのであった。

このように朱子学の中には非常にリベラルな要素があった。こうした近代社会に合った要素を強く導入したのが、江戸時代の朱子学であり、陽明学であった。それゆえ、それらはある意味ではたいへん自由で躍動的な要素をもっており、日本の近代化の特徴をかたちづくっていったもとだともいえる。

このような日本の状況に対して、中国・朝鮮では異なっていた。すなわち、「あらゆる職業が聖なる職とみなされ、そこから職業への使命感、正当な利潤を使命＝職業として組織的、かつ合理的に追求する」という精神的態度においても、そしてまた「血縁共同体よりも信仰上の倫理的共同体のほうが優位となり、商取引の信用が世俗の職業を通じて示される個人の倫理態度におかれる」というものとも大きなへだたりがあった。

この職業的使命感と血縁関係を越えたところの個人倫理という二つの柱に関しては、中国、朝鮮とくらべて、日本の達成度ははるかに大きかった。儒学は本来、社会組織編成の原理として大きな力と影響力とを与えてきたために、儒学倫理を有する国々は、それをもたない他のアジア諸国とくらべ、社会原理上大きな差をもつようになった。それは「儒教文化圏」といわれる諸国、地域の最も大きな共通項であり、社会の「秩序原理」としての儒学の役割であった。

それは「家族」をもとにした倫理秩序を「国家」にまでたかめ、基層倫理と政治秩序とが一体化されることによって、集権的な官僚組織が広範に発達してきたためであった。こうした儒学のもつ秩序原理と、出自をとわず「教育」によって社会的上昇のチャンス（科挙）を与えることによる社会経済の活力の再生とは、知識集約的、科学技術の時代においては大きな力を発揮することとなる。

しかし先にみたように「儒教文化圏」とはいえ、日本と朝鮮、中国では職業的使命感と血縁関係を超えた個人倫理観とにおいて大きな違いがあった。日本では商人が〝のれん〟を守る態度、職人が〝わざ〟を誇りにする態度の中にもそれは強くあらわれている。[16]

また血縁関係を超えた個人倫理観においても、武士の主君への態度、商家の奉公人が主人に対する態度の中に、血縁を超越した「公・おおやけ」への倫理の優先がみえる。その意味においては日本はヨーロッパとは違ったかたちではあるが、ウェーバーのいうところの職業的使命感、および血縁を超えたところの倫理世界があり、近代化や資本主義の発達に大きな力となった。

これに対して中国、朝鮮においては儒学のもつ血縁関係の重視（「家族」の秩序原理＝孝）に傾いており、職業的使命感も一般的商業、営利肯定論にとどまる要素が強かった。これは日本と異なり、朱子学の受け入れ方がちがっていたこと、および、儒教以外の宗教が与えた影響のちがいなどによるところが大きかった。

朱子学の影響を最も強く受けたのは日本であり、ピュウリタニズムの「神への徹底的奉仕の衝動」に関しても、日本と中国、朝鮮においては、それぞれ「宗教」が異なっている上に、儒学が大衆化されているかどうかに関する大きな違いもあり、異なっていた。

七　神道・仏教との融合と「日本的」儒学

儒学は厳密な意味での宗教ではなく、信仰の対象というよりも倫理規範であったため、他の宗教との共存が可能であり、それとの組み合わせによって「儒学思想」というものも大きく違ってきた。特に日本においては神道・仏教との結びつきが大きく、それら三つのエートスが融合しあって独特のエートスをつくり上げてきた。

そしてこれら三つのエートスが融合しあったからこそ、日本はウェーバーが中国に対していった「資本蓄積のための一定の禁欲・節約は認められても、そのエートスは金儲けを個々人が自己の現世的生活を向上させるための手段と考え、消極的な態度の利潤追求と、使命感のない致富とを求める」というものとは、違ったエートスをつくり上げていた。

どのような社会においてもエートスはあり、それは多くの場合、宗教的教義または哲学によって基礎づけられ、社会生活に大きな道徳的慣習を与えてきた。日本の近代化およびその後の発展に役立ったところのエートスは江戸時代に基礎づけられ、その多くを儒学におっていたことはこれまでにみてきた。

しかし東アジア諸国（儒教文化圏）の中で日本だけが、より早い近代化と発展への軌道に乗り得たのは、儒学の影響だけではなく、そこに神道、日本的仏教のエートスが大きく加わっていたためだといえる。

朱子学の受容以前、日本人の思想形成および価値観に大きな影響を与えてきたものは神道と仏教であった。神道は、アニミズムを残している国では唯一の先進工業国として、奇異に感じられるほど、日本人の意識の中に「無意識」に入りこみ、「習俗的」なものとなっているものである。

したがってそれは「生活原理」であり、日本人の深層心理を形成した最大のエートスでもあった。神道はもともと共同体の信仰であり、個人の救済を目的とはしておらず、普遍的なものでもない。そしてまたそこには内面的、主体的な宗教倫理も存在してはいない。

神道は〈神《かむ》ながらの道〉を求めるものであり、「在る」世界が究極の世界であるために、「在る世界の原理」を求めるものであった。したがって死後の世界のことは生じ得ないし、考えることもなかったため、他界で救われるという思想もない。したがって、キリスト教が「往く」ことに救いを求めてきたのに対して、神道は「来る」ことに救いを求めてきたといえる。

ウェーバーは西洋固有の合理主義は、最も合理的な宗教のもと、最も合理的な生活態度をもった職業人によって、最も合理的な経済体制である近代資本主義をつくりあげたとした。ここにおいては職業は「召命」であり、現世および職業生活の、特定かつ事象的な目的に即して、自己の救いを証しとすることであった。同時に、それは現世を合理的に支配し、神の栄光をあげるという責務をはたす手段でもあった。

これに対して日本の「神道」における職業観はすべて「祭り」に現されてきた。本来「祭り」には二つの意味、すなわち儀礼、呪術の「祭り」と、生活の「祭り」とがあるが、生活（職務分担）からきた「祭り」がこれであった。すなわち日常の生活、農業の業に従事し、五穀を生産することが神々に仕えるゆえんであり、「祭り」そのものであった。したがって日常の生活、生産活動、社会的業務がそのまま神に仕える「祭り」であり、そこから労働は神聖なもの、職務はすなわち神に仕える道だとされるようになって、生活全体が神聖なものとなった。

このように上代においては各人の生活、各人の職務、業務がすなわちマツリゴト（務）であったため、生活全体が神に対する祭りの意味をもち、「世俗」と「神聖」とを分かつ聖俗の観念はなかった。こうした、労働はすなわち「神事」（働くことが神に事えること）であり、神が「依さし」（委任）したものだとするところから、労働は神から委任された重大な神事であり、それをなまけては神に顔向けできないとされるようになった。したがって、そこでの収穫物は非常に尊いものとされた。

仏教は朱子学の受容以前、浄土教、禅宗として一般大衆、武士階級の中に広く入りこんでいた。浄土教においては物心両面にわたる人間生活の充足が最終目標となっており、欲望を享受することを「中道的」に止揚させ、その意義を充分発揮させることが目標であった。肉体を有する人間が欲に悩み、物財を追い求めることを否定せず、それを無理なく、合法的に求めさせ、その財を愛用させ、配分させることが理想であった。

したがって世俗的な行いはみな「仏行」であり、仕事も仏行（仏道）であるという思想が加わり、「在家宗教」になるにつれ、さらに勤勉は美徳、質素節約（欲望の享受を中道的に止揚）、感謝等の価値観を伴うようになっていった。そして現実を生きていく念仏者の基本姿勢は「念仏の第一の助業《すけごう》、米に過ぎたるはなし。衣・食・住の三は念仏の助業なり。よくよくたしなむべし」(17)「所知・所領をもうけんことも、総じて念仏の助業ならば大切なり。妨げになるべくば、ゆめゆめもつべからず」(18)であった。

法然においては自然な人間性を豊かにもつことが、かえって宗教生活を充足させるものになるということであり、経済生活の重要性を求めたのであった。「米」および「衣・食・住」という肉体そのものの出発点と帰着点とは念仏生活を支え、充足させるものであった。それは、これまでの禁欲主義にかたよった日本の仏教に対して、念仏生活を支える大切な要因＝助業であるという「中道」精神を、大衆レベルにまで浸透させたものであった。

こうした法然の浄土宗から、さらに浄土真宗に至り、「信仰によってのみ」救済（往生）は可能とされるようになり、往生は世外的宗教生活によってのみなされるものではなく、世俗的生活においても可能だとされるようになった。ここでは職業に貴賤の差はなく、各自は「報恩」の行として自己の職業に精進すべきだとされた。そして不正を戒め、生産においては「勤労」が、流通においては「公正」が、消費においては「節約」が強調されるようになった。

このような「世俗内禁欲」の精神は江戸時代の大商人の家訓(19)の中にも多くみられ、勤勉と節約を重んじ、謹厳な生活と信心・信用を重んじる精神とともに、忍耐と周到な計画性、合理的な記帳方法などを発達させ、全員の合意のもと、合理的に運営されるようになっていった。

八　浄土真宗にみる「信仰」

仏教は本来、絶対不変の原理の存在を認めてはいない。しかし浄土真宗においてはそうした仏教、または「日本的」な諸仏教の内でも、唯一不変の原理と「信仰」とを求めたものだといえる。浄土真宗をおこした親鸞も、その師、浄土宗の開祖・法然もともに比叡山（天台宗）で学んだのであるが、その天台本覚思想においては二元相対の現実を超えた不二絶対の世界を究明するとともに、そこから現実にもどり、二元相対の諸相を不二・本覚の現れとして肯定するというものであった。

たとえば聖と俗、善と悪なども根底的には不二・一体のものであり、それが真実であり、永遠のものであるとして、二つの諸相を肯定する思想をもっていた。したがってここからは悪人をも、そしてまた煩悩をも肯定する思想、自然順応から現実順応するものがあった。

法然においてはこれまでの仏教の諸行は聖道門であるとして、そのすべてを排除するとともに、浄土門たる念仏を一向専修することのみを求め、阿弥陀信仰以外の仏教諸派を否定したのであった。そして遺告である『一枚起請文』においても「只一向に念仏すべし」と述べている。しかし法然においては相対的二元論・現実否定の域は出ず、現世にあるかぎり、いかにすぐれた人間であれ、凡夫を免れることはあり得ないとして、修行、成仏の不能を主張するとともに、念仏を唱えることによって、阿弥陀仏[20]に救われるとしたのであった。

これに対して親鸞は徹底して阿弥陀仏の救いを信じきり、「南無阿弥陀仏」と唱えること自体が阿弥陀仏からいただいた信心の力によるもので（他力）、すでにそこにおいて救われており、それへの感謝が念仏をすることに他ならないとしたのであった。それは「悪人正機説」にみられるように、善人が阿弥陀仏に救われるのは当然であって、救われがたい悪人こそ、真っ先に救おうとするのが寛くて深い阿弥陀仏の慈悲であるとしているのであった。ここに絶対他力とともに念仏を主とする浄土宗から、信心（信仰）を主とする浄土真宗となったのである。

そこでは阿弥陀仏を信じるという「一念」だけが大切なものであり、そこにはすでに救いが保証されており、極楽往生できるというものであった。そのあとの念仏は感謝報恩のためのものだけであり、その意味においても「信」（仏の教説を信じて疑わない信心）[21]の方が「行」（念仏をとなえること）より重視された。

キリスト教においても、聖書を信じきるところから信仰が生じるように、浄土真宗においても阿弥陀仏を信じ、その存在に目覚めて信仰することによって「無限の光に満ちた世界」と「無限の光」（「無量寿、無量光」）が限りなく降り注がれるのであり、「即得往生」[22]できるのであった。自己の存在は阿弥陀仏の本願の他力によって生かされているとして、それ以外の力を一切認めようとはしなかった。

こうした浄土宗、特に浄土真宗の「信仰」としての態度は、これまでの日本の他宗教にはみられないものであり、それが世俗内（在家）においてなされたところに大きな特徴があるといえる。本来仏教は悟り（知恵）

の宗教であり、唯一絶対なる存在、およびそれへの絶対的な「信仰」を求めたものではない。「無明」の衆生を知恵の働きにより、「真理」の世界（悟り）に導こうとするものであった。

しかし、浄土真宗においてはウェーバーがいうところの、世俗内において「信仰のみ」に導かれた信仰生活が行われたところに大きな意味がある。こうした世俗社会への多大な影響は、現実社会に対する絶対的な肯定と同時に、現実生活（俗事）の中における宗教的意味を積極的に認めることとなった。労働即聖行、すなわち俗事の行いは宗教的な救済ともつながる行であるとするもので、こうした現実と宗教との究極的な一致は、一つの道（修行法）と、それのいずる経典への絶対的な帰依により救済される、ということから生じたものであった。

それは一切の行いは阿弥陀仏の慈悲により生じるものであるゆえに、すべての行いは阿弥陀仏の救済行[23]という思想であった。それゆえ現世の自己の職業において、勤勉に働くことが阿弥陀仏の恩恵に対する返報であり、「信仰」の表現でもあった。これはウェーバーのいう世俗内禁欲へとつながるものであった。

近江商人の屋敷（現存するところすべて）には立派な仏間があり、そこにはすべて阿弥陀仏とともに南無阿弥陀仏の軸が掲げられており、正面には朝晩一家が唱えた経典、「正信偈和讃」がおかれていた。これは正しくは「正信念仏偈」といわれているもので親鸞の撰述によるものであり、親鸞の著した『教行信証』行巻の末尾に収録されているものである。

こうした「信仰」のもと、勤倹に自己の職業に励んだ近江商人は、寒暑風雨をいとわず、朝の暗きから星の出ている夜中まで、全国を行商してめぐることを可能としたのであるが、その精神的基盤にはこうした宗教倫理におかれていた。それは浄土真宗の影響が非常に強い富山県（越中）においても「くすり売り」として全国をかけめぐった行商のエートスでもあった。

伊藤忠兵衛（一九世紀初めの近江商人）は「利真於勤」[24]を家訓とし、利益は誠実な商いによって得なければならないことを強調した。松居久左衛門は社訓に「天より与えられた我等の職業を通じて貢献する奉仕こそ社会の恩恵に報ゆる」、「誠意のあるところに必ず信頼が生まれる、信じ合って結ばれる姿こそ我等の誇」[25]と述べている。

商人としての職業、すなわち有無相通じる職能に努力すること（商業があって生産と消費は調和）や商人が物資の流通に従事するのは御仏の心に適った社会的役割を遂行することであって、その任務をよくつとめることにより「余沢」（利益）が生じてくるとした。したがって有無相通じる職能に努力して生じた利益こそ本当の利益であって、それ以外の方法によって巨利を得ることは「天の理にもれ、仏の憐みに外れる」ものとして戒められている。伊藤忠兵衛は「商売は菩薩の業」として「商売道の尊さは、売り買い何れをも益し、世の不足をうずめ、御仏の心にかなうもの」としているのである。

こうした超越的宗教道徳の信仰が日本の浄土真宗の内にあったことが、ウェーバーのプロテスタンティズムの倫理に近い倫理観をもち得たといえるとともに、他の東アジアの国々とも異なったところのエートスをもち得たといえる。

浄土真宗の「信仰によってのみ」救済（往生）は可能であり、往生は世俗外的宗教生活によってのみなされるものではなく、世俗的生活においても可能だとされたことによって、職業に貴賤の差はなく、各自は「報恩」の行として自己の職業に精進すべきものだとされた。そして不正を戒め、生産においては「勤労」が、流通においては「公正」が、消費においては「節約」が強調されるようになっていった。

法然の浄土教においても念仏者の基本姿勢は「念仏の第一の功業、米に過ぎたるはなし。衣・食・住の三は念仏の助業なり。よくよくたしなむべし」[26]であり、法然においては自然な人間性を豊かにもちつつ、それらがかえって宗教生活を充足させるものになるというものであった。これらは念仏生活を支え、充足させるための大切な要因＝助業として、経済生活の重要性を求めたのであった。

仏教は知恵の宗教、悟りの宗教とされ、「信仰」の宗教とは区別されているのであるが、浄土真宗においては「信仰」という、宗教改革者たちの唱えた、自己に与えられた労働に励むことによって自分に対する救いの確かさを証する、という召命感にも似た職業観をもっていた。そしてこうした「世俗的な禁欲」があったからこそ、これらは浄土真宗の最も強く根づいていた近江の地や北陸を中心に、近江商人などといわれる人々のエートスを形成し、それが日本の近代化のときにおいてウェーバーのいうところの資本主義の精神へと橋渡しが出来たといえるのではないだろうか。

プロテスタンティズムにおける職業は「召命」であり、現世および職業生活の特定かつ事象的な目的に即して、自己の救いを証することであったが、仏教の内で唯一、「信仰」としての職業観をつくり上げたのが浄土真宗であった。日本においても、そしてまたアジアにおいても、他の宗教にこうした意味での「信仰」を見い出すことはできない。

九　真宗と資本主義の精神

仏教（原始仏教）においては本来、現世の労働を前世の宿業としてとらえ、それに受動的に従うという消極的態度があった。小乗仏教にいたる仏教の教学は主に出家僧のためのものであり、在俗の信徒の間に職業倫理を確立するものとはならなかった。仏教は瞑想を通じ、悟りの境地に達しようとする遁世的な性格をもっているために、たとえ禁欲が存在していたとしても、それらは大衆的エートスとはなり得なかった。しかし中国においてはその後、宋代に禅宗が新たな形でおこってきた。原始インド仏教は極端に世俗外的パターンをもった宗教であったため、「此岸」を絶対的にマイナスのものとみなしていた。しかし中国に伝わり、ながい歴史の中でそれは次第に変容していき、唐代の慧能《えのう》[27]は、法（仏法）は世間にあるのであって、世間を離れて覚えるのではないとし、修行をするに、在家でもよいとした。

さらに宋代に入り、大慧宗杲《だいえそうこう》[28]に至ると「此岸」に解脱のための積極的な意味がみつけられ、彼岸で悟りに至るには、此岸で実践することであるとされた。世間の中で、人間としての本分を尽くすことが此岸を超越する道であることが説かれたのである。そして自らの心の内なる善知識を知れば、解脱できることを説いた。

こうして、人に内在する「仏性」（本心―人間が本来もっているところの清浄な心）を認識すれば、解脱に至るという「超越的実在」への道を追求するものとなっていった。

一方、唐代には、百丈懐海《ひゃくじょうえかい》[29]により仏教的経済倫理として「節倹」と「勤労」、「普請」（上下ひとしく努めねばならないこと、「一日作《な》さずんば一日食らわず」の戒め）が求められるようになった。それは厳粛な精神をもって社会における人間の本分を尽くすということであり、そこにおける節倹と勤労という世俗内的禁欲の精神はプロテスタンティズムの精神にも通ずる面をもってはいたが、それは唯一絶対の神に対する「信仰」と「召命」という意味をもつものではなかった。

さらに禅宗が中国においては上層階級（有識者）の間で盛んであったことを思うと、それは大衆的基盤をもち得たとはいえないのである。日本においてもこれは「労働仏行説」として宗教倫理を形づくり、「何の事業も皆仏行なり、人々の所作の上にをひて成仏したまふ。仏業の外なる作業有べからず」[30]となるのであるが、これも労働重視の経済倫理とはなり得たが、プロテスタンティズムの求めたような経済倫理とはなり得なかった。

ルターの「ただ信仰によってのみ救いが得られる」は、親鸞においては「弥陀の誓願不思議にたすけられまいらせて、往生おばとぐるなりと信じて念仏もうさんとおもいたつこころのおこるとき、すなわち摂取不捨の利益にあずけしめたまうなり」[31]（信じて念仏しようと思う心が生じたとき、すでに救われている）というように、信ずる心がありさえすれば、それはすでに救いとなっているという、強い信仰心となっているのである。

このように『歎異抄』においては『教行信証』同様、念仏以外の信仰を排除し、ひたすら念仏する信心の世界が主張されているのである。親鸞はこれらの著において信心（信仰）を強く求めたのであるが、その精神は『教行信証』の最後の巻の終わりに『正信偈』（『正信念仏偈』）として簡潔に示されている。

これは、真宗の教団、信徒が朝晩の勤行でとなえる（読誦）もので、「帰命無量寿如来、南無不可思議光……」ではじまっているのであるが、これが近江商人の屋敷のいずれの仏間の仏壇にもおかれており、ボロボロになるまで読みこなされていた。彼等は在家にあって、すなわち世間において、人の本分を充分に尽くしていたのであった。

こうした近江商人の勤労のエートスは、これによるものだけではなかった。そこには儒学における「天」の思想と倫理観とが大きく働いていた。しかし、それは「宗教」ではないがゆえにウェーバーのいうところの強い信仰に裏付けられたものとはなり得なかった。けれども近江商人におけるエートスの形成には儒学的倫理観を欠かすことはできないし、この両者によって他の東アジア諸国にはない日本独自の職業倫理観をつくりあげ、それが明治の近代化と資本主義成立への大きな誘因となったということはできるだろう。

一〇　日本の仏教思想と勤労観

禅宗においては現実の生の営為を、同時に現実を超えた形而上的世界の営為とみ、この世の行いに徹し、わずかな一生を見事に生き切り、見事に死ぬこと（この世の中の生を生ききること）が絶対にふれることであった。したがって生はあくまでも生であり、死は死であって、それぞれ絶対であった。それゆえ、生死の他に絶対はなく、この世の無常、憂さをおさえつつ、なおこの世の生を追求させ、この世から身を引くことなく、日々の生活の中での目覚めをもとめさせた。

こうした価値観・死生観は現実の世の中をいかに生きるかに対する経験的、合理的、科学的方法論、すなわち目的合理性への渇望でもあった。したがってこの後の朱子学の受容が、朱子学のもつ「理」の性質のうちでも、より経験主義的な側面に傾いて受容されていったのも当然なことだといえる。

日本人の労働観はこのように神や仏と深く結びついていると同時に、労働を通して実質的経験的なものへの重視が深まるにつれ、形而上的営為の世界との協調も強く求められるようになり、形而上的なものと形而下的なものとの融合が強調されるようになっていった。

禅宗は簡素と倹約、生産的な労働を非常に高く評価したが、それは労働を「与えられた恩恵への返報」という思想から、神聖なものとしたためであった。

鈴木正三は仏教的世界観から、「世法即仏法」[32]とし、すべての職業は有用なものであり、貴賤の別のないことを説いて、仏教的職業倫理を構築した。正三は宇宙を主宰しているものは仏であり、万物には仏性が宿っているとした。したがって人は仏性どうりに生きていれば成仏できるにもかかわらず、三毒によって病を得ている状態にあるとした。そしてそれをいやすには天より授けられた職業に専念し、勤勉であることが必要であり、勤労することによって成仏できるとした。このように、天から授けられたものに感謝しつつ勤労することが「仏行」であった。

また、正三は農民に対しては「それ農人と生を受けしことは、天より授け給わる世界養育の役人なり。さらばこの身を一筋に天道に任せ奉り、かりにも身のためを思わずして、まさに天道の奉公に農業をなして……」[33]と述べ、農民をして「天より授け給わる世界養育の役人」としたのであった。これは前にのべた浄土教の教えとも同じくするもので、世俗内での職業生活を天職としてとらえる仏教的職業倫理観であった。そしてこれは「何の事業も皆仏行なり。人々の所作の上において成仏し給うべし。仏行の外なる作業あるべからず。一切の所作、みな以って世界のためとなることを以て知るべし」であった。

これが商人の職業倫理となったとき、天道に任せ、一筋にその道にはげむことを説いたところの「売買せん人は、まず得利を益すべき心遣いを修行すべし。その心遣いというは他の事にあらず。身命を天道に抛《なげう》って、一筋に正直の道を学ぶべし」[34]であった。

これは商人の売買行為を禁欲的な仏行と結びつけるとともに、その結果得られた利益や、それをもとにした蓄積は容認されるというものであった。正三にあっては「正直」とは天道より与えられた業を励むことであり、その結果が「福徳」(利益)であった。そして私欲を専とした場合には「自他を隔て、人をぬきて、得利を思う人には、天道のたたりありて、禍をまし……」[35]と述べている。

正三は江戸時代初期においてすでに士農工商のいずれにたずさわる者も、仏の分身としては平等であり、その与えられた業に精を出し、励むことによって成仏するとしたのであった。「世法則仏法」という正三のとらえ方からは、日々その苦業に励む農・工・商のほうが、士族階級または僧侶たちよりも仏果に至りやすいとみていた。これは各人の職業追及が宗教的所作として、神より与えられた職業への精励を説いたプロテスタンティズムの精神とも通じるところであった。

しかし正三のこうした職業倫理観は江戸初期の日本においては、西欧においてプロテスタンティズムの職業倫理観が、近代資本主義の成立に役立ったほどの力とはなり得なかった。それにもかかわらず、このような精神は中期の石田梅岩に受け継がれ、後期の二宮尊徳へと流れることによって、江戸時代の倫理観を近代国家成立に向け、準備させるに充分な力となった。

正三、梅岩による大衆レベルへの職業倫理観の浸透と、二宮尊徳による江戸末期から明治以降までの日本の職業倫理観が、明治維新という近代化へのきっかけを得たとき、その力を発揮し、急速な資本主義化を可能にさせる国民レベルでの精神となったといえる。

一一　江戸中期の心学運動と日本的プラグマティズム

石田梅岩は神道より出発し、儒学、仏教にも深く心を傾け、人とは何か、人の道とは何かを強く求めて、その実践と普及とにつとめた実践倫理家であった。彼は一七二九年四五歳のときに、京都の自宅で初めて講席を開いたのであるが、その折り表に出された書き付けが「同月何日開講、席銭入不申候、無縁にても御望の方々は、無遠慮御通り御聞可被成候」であった。これはまさに、当時における一般庶民に対する最初の社会教育であったともいえるのである。また講義の方式においても門弟達に前もって問題を出しておき、答えを提出させた上で、それらを中心とした人生上の原理的な問題とか、日常的な問題について討論するというものであった。

こうした庶民教化によって心学は日本全土に広がっていくとともに、町人ばかりではなく百姓や武士にまで受け入れられるようになっていった。梅岩の思想は生涯にわたる体験と思索とを通して形成されたものであったが、その教養は儒学、とりわけ朱子学を根幹としており、そのわきに神・仏の思想を取り入れたものであった。

それは梅岩が自説を提出するに当たって典拠としたものをみると明らかなのであるが、彼の著書『都鄙問答』[36]に引用している書物はほとんどが漢籍であり、漢籍類に関しては四書五経、『朱子語録』『性理大全』などの教学類が多数を占めており、『論語』からの引用が最も多かった。次に『孟子』『中庸』『大学』『易経』『書経』『小学』などが続いているのである。

梅岩の思想の出発点は「知性」と「知心」であるが、その性と心とは何であるかについて、梅岩は朱熹門下の陳北渓の『性理字義』の一節をそのまま引用していることからみても、梅岩の思想は基本的には朱子学の性理説に由来していることがわかる。さらに彼は普遍的な性（天）があるとし、普遍（一般）と特殊（個別）との関係を解釈しようと試みており、それらは彼の社会理論にも応用されているのである。

石田心学が市井の人々に受け入れられていったのは大変判りやすく、かつ日用に役立つ実践的な性格をもっていたということと同時に、商人の利潤追求を肯定しつつ、町人の倫理を説いたことにあった。

梅岩は商人の存在意義を積極的に主張するとともに、人は身分上の差をもつにもかかわらず、職分上は平等であるとして、「士農工商は天下の治める相となる。四民かけては助け無かるべし。四民を治め玉ふは君の職なり。君を相るは四民の職分なり。士は元来ある臣なり。農民は草莽《そうもう》の臣なり。商工は市井の臣なり」といった。

そして「其余りあるものを以てその不足《たらざる》ものに易《かえ》て、互いに通用するを以て本とする」が商人の職分であり、商人が商売によって得た利益は職分遂行上の正当な報酬であり、それは君に仕える士の俸禄と同じものであるとしたのであった。さらに「商人の買利も天下御免の禄なり」としているのである。このようにして梅岩は商人の特殊の道が万人の普遍の道に通じることを示したのであった。

さらに梅岩は「利を取らざるは商人の道にあらず」といい、同時に、営利追求のためには正しい方法で行われなければならないとした。そして「実の商人は、先も立ち、我も立つことを思ふなり」とし、営利は決して自我本意から追求されるべきものではなく、「正直」と「倹約」という徳が必要であるとしたのであった。彼は「正直」や「倹約」を道徳原理の次元にまで引き上げ、「倹約」を主徳とするとともに、それを人間にとっての普遍的な徳であるところの「正直」と結合させたのであった。

梅岩の「商人の道と言うとも何ぞ士農工商の道に替ることとあらんや。士農工商とも天の一物なり。天に二つの道あらんや」という言葉によく示されているように、人間の道の実践において身分の差別を否定した。その上で商人に求められた「正直」や「倹約」を処世上のものに止まらせず、すべての人間に妥当する普遍理念として基礎づけた。そのための修養法として、「知性」による自己の本質の探求を強調したのであった。

梅岩は『倹約斉家論』において、「わが物はわが物、人の物は人の物、貸したる物は受けとり、借りたる物は返し、毛すじほども私なく、ありべかかりにするは正直なるところなり」と述べ、合理性とともに所有権および債権の概念を導入し、職業による貴賤を否定して勤勉と商人の倫理を説いた。

梅岩が「世事」の倫理（職業の倫理、特に商業の倫理）を求め、封建的な身分より離れた社会的機能に注目したことは、近代的資本主義のエートスに通じるものであった。さらに梅岩は商人が売買において詐術を用い、顧客や仕入先の信用を失ったならば破滅すること、職業にはそれぞれ社会的役割があり「天下万民産業なくして何を以て立つべきや」、「商人の売利も天下御免の禄なり」(37)といっているように、職分に励んで得た利も、武士の禄と異なるところはないと述べている。

こうした売買において偽らないこと、道に外れないこと、本心にかなうこと、私曲なきことなどは「正直」といわれているが、こうした利を貪《むさぼ》らない正直さと精励こそが利をまねくものとされた。こうした「道」にかなった行い[38]と「倹約」こそ、梅岩が最も強く求めたものであるが、それはスミスの「正義の法」[39]およびプロテスタンティズムの倹約の倫理、職業観にも通じるものであった。

梅岩は勤勉とともに倹約を説き、そのための経営の合理化を説いた。倹約とは顧客に正直な心と、経費の節約、利益を低減する心と、念を入れた良い商品を売ることであった。それが顧客の利益であり、自らの利益となるもので、貯蓄による富へとつながるものであった。

それは「我が身を養わるる売り先を粗末にせずして真実にすれば十が八つは、売り先の心にかなうものなり……そのうえ第一に倹約を守り……」、「富の主は天下の人々なり。……売物に念を入れ少しも粗相にせずして売り渡さば、買う人の心も初めは金銀惜しと思えども、代物の良きを以て、その惜しむ心自ら止むべし」、「天下の財宝を通用して、万民の心をやすむるなれば……かくの如くして富山の如くに至るとも、欲心というべからず」[40]などによく現われている。

これと同時に梅岩は仏教・神道＝老荘の思想も受け入れ、「宇宙との合一」を求めた。梅岩は人は生きているのではなく、宇宙によって生かされているのだととらえ、それとの合一（宇宙の秩序との合一）を強く求めていった。ここには強く神道、仏教的宇宙観があると同時に、「仏法を以て得る心と儒道を以て得たる心と、心に二品のかかわりあらんや」、「仏老荘の教もいわば心をみがく磨種なれば、捨つべきにあらず」、「一法を捨てず一法に泥《なず》まず、天地に逆らわざるを要す」などにもあるように、修養の具となるもの、現実的に役立つもの、目的に必要なものを目的的に取り入れ、消化、融合することによって生じる思想の多義性、両義性、複合性などがあった。

こうした「折衷」および「目的的」な選択は必要性にかなうものはプラグマティックに受け入れる精神であり、「役に立つものが真理」であった。そしてそれは唯一絶対の神をもたない日本の精神風土のもたらすものでもあった。

そこには理論的な体系は必要なく、梅岩においても民衆への強力な実践倫理の説得にその中心があるのであって、そこにおける勤勉、倹約のエートスがいかに強く大衆の中に侵透したかが重要なのである。その意味において、江戸中期の梅岩が与えたこれらのエートスが、日本の近代化に与えた影響ははかりしれないものがある。

この他に町人、庶民階級に多くの影響を与えたものに懐徳堂がある。これは大坂の町人たちが自ら求め、その知的欲求を満たすためにつくられたものであるが、後に半官半民的な学問所となり明治初年まで続いたものである。そこには一般の学問所とは異なる独自の学風があったが、基本的には朱子学または朱子学に近い学風をもっていた。

そこにおいては石田心学と同じように「利」の概念を肯定し、これを積極的なものとしていた。授業の仕方も似ており、懐徳堂に掲げられていた「壁書」(41)でも、書物をもたない人の聴講を認めており、急用があった場合には退席することも許されていた。また、士庶の階級別はあっても、開講してからは区別をしない等、多くの類似点があった。初めは四書五経以外の書を講ずることは禁じられていたが、後にゆるめられていった。

こうした学風および庶民教育、経済倫理教育などが明治初年まで続いたということは、やはりウェーバーがいうところの、庶民階級が近代化の担い手となりえた、という意味においてこれらは大きな役割を果たしたといえるのである。日本は東アジア諸国の中では最も合理主義が貫徹しており、それが「大衆的」であったがゆえに、最初の近代化を達成することが可能であったといえる。

江戸中期の石田梅岩らによる心学運動および懐徳堂の活動は、日本の大衆的(商人・町人)レベルにおけるエートスの形成に大きく寄与したといえるのであるが、これらはさらに後期の二宮尊徳において農民レベルにまでいたるエートスの形成を担うこととなった。これらをとおして日本の近代化および資本主義のエートスは農・工・商に至る大衆的、国民的レベルにまで浸透したといえる。上層の武士階級における儒教的エートスは、梅岩、尊徳らによる神道、仏教(老荘思想もふくむ)等との複合的精神思想のもとで、大衆レベルにまでいたる日本の経済思想とエートスとをかたちづくっていったのである。

このような後期の二宮尊徳への流れは、江戸時代に培われた倫理観と合理的な精神とを近代国家成立に向け準備させることとなった。梅岩による大衆レベルへの職業倫理の浸透と、江戸末期より二宮尊徳によって受けつがれた日本の職業倫理観が、明治維新という近代化へのきっかけを得たとき、その力を発揮し、急速な資本主義化を可能にさせる大衆レベルでの精神となったといえる。

一二　日本的プラグマティズムと神・儒・仏融合の思想

これまでみてきたように、日本人の職業倫理観は基本的には神・儒・仏の融合であり、そこからのエートスであった。こうした日本における神儒仏の融合は、明治期多くの者により批判の対象ともされてきた。三教混合は論理的厳密さからいうとあり得ないものであり、キリスト教または西洋の近代哲学からは許されざるものであった。

しかし、江戸時代からのこうした諸説の折衷混合は、明治期の学問、科学技術の導入に、そしてまた近代化のための目的合理的な政策選択に大きな役割をはたしたともいえる。その意味において、最も三教を混合し、「人界の切用」に供したのは二宮尊徳であった。尊徳は人間救済、民衆教化のためにこうした混合主義を積極的に採用した。ここに神道、儒学、仏教は分ちがたく結びついていくと同時に、勤勉と蓄積のエートスを形成し、日本の近代化の基をつくっていった。

日本におけるこうした神・儒・仏それぞれのエートスの融合が、東アジア諸国（儒教文化圏）といわれる中でも独自のエートスをつくりあげてきた基だともいえるのであるが、こうした「融合」を積極的に求め、日本的合理主義を大成していったのが尊徳であった。

尊徳の思想はこれらをもっとも集約的な型であらわしており、最も日本的な価値観を体現した実践思想家であった。江戸末期における尊徳による日本的エートスと日本的合理主義との大成が、その後の近代化の過程において明治政府の中心的思想となった。

尊徳の最も中心的な理念は三教（神・儒・仏）の混合であり、「人界」に最も「切用」なるものを求めようとする目的、経験合理性であるが、それは次のことばに最もよくあらわされている。「神道は開国の道なり。儒学は治国の道なり。仏教は治心の道なり。故に予は高尚を尊ばず、卑近を厭わず、この三道の正味のみを取れり。正味とは人界に切用なるを言う」。[42] 尊徳の思想はこのことばにつきるといえる。

尊徳は人間救済、民衆教化のためという目的合理主義的、実践的動機から、これら「切用なるもの」は取り、「切用ならぬもの」は捨て、「よくよく混和して何品とも分らざる」状態になることを求めた。そしてそれこそが「最も人界の切用」に供し得るものとしたのであった。こうした三教混淆（混淆主義）はそれぞれにもつ思想や教義の総合としての「教義の大成」であり、こうした総合としての教義の大成が日本独自のエートスをかたちづくっていったといえる。

尊徳はその自然観においてはたいへん神道的、あるがままの姿（無為自然・無作為なもの）としてとらえる方法をとっていたが、そのような姿、自然＝天理に対して「人道」を分けていた。天理とは「自然の法則」であり、自然によってつくられているものはすべて自然の法則にしたがっているのであるが、人間だけは自然の法則に従いながらも人間の生存に必要なものは選び、そうでないものは捨てているとし、それを「作為」の道とよんだ。

そして「天理」からみたときには善悪はない（「天に善悪なし」）にもかかわらず（天は米も雑草も善悪を分けてはいないのに）、人は米をよしとし、雑草を悪としている。そこから、人間は自分の生存に必要なもの（衣・食・住）をつくり出し、それらを増殖することを善とすることによって、天理による創造とを分けたとした。すなわちそれは自然（天道）に対する人間（人道）であり、それは道具を用い、「物をつくる」ものとしての人の道であった。

尊徳はこのように自然（天道または天理）に対し、被造物である人間だけが物を創造するという性質をもっており、労働（生産的労働）と生産物をつくるものだとした。これによって人間は天によって創造され、欲望によって生きるものであると同時に、それのみによって生きるものではなく（「迷わざれば人倫行なわれず、迷うが故に人倫は立つなり」）、人はこの間で迷いつつ、いずれにも傾くことなく、その中間をとる存在としてとらえているのであった。

ここに「中庸」の思想が生まれ、「……それ人身あれば欲あるは天理なり」を中庸的に止揚しようとした。尊徳は私欲は人間の中にそなわった天理ではあるが、この欲を制することこそが人道であり、それは己《おのれ》に克《か》つことであるとした。

「論語に、己に克ちて礼に復《かえ》る、とあるはこの勧めなり」と述べているように、儒学的な精神によってこれを克服し、中庸の精神にたちかえること、すなわち人身の天理である「生産」に従いつつも私欲をおさえ、自然の天理にしたがって（はえる田畑の雑草を取りつつ）、生産にはげむことこそが「勤労」であった。

尊徳は生産のための勤労と、己に克つための勤労とがあり、それらは分かれることなく、人によってなされる「作為」であるとしたのであった。その上でさらに尊徳は目的のために倹約を行うことを説き、勤労と倹約（貯蓄）とは一致すること、すなわち「人道は自然になして、勤めて立つところの道なれば貯蓄を尊ぶが故なり」、「人道は言いもて行けば貯蓄の一法のみ」とした。したがって人間は人道（生産）にもとづいて「作為」（勤労）を行い、目的をもって「倹約」（貯蓄）をするものであった。それは「われわれが倹約を尊ぶは用いる処あるがためなり。……資本に用い、国家を富美せしめ、万姓を済救せんがためなり」なのであって、目的をもたない倹約は「何の面白き事もない」ものであり、何の意味も、また役にもたたないものであった。

尊徳のこうした目的合理主義的な精神にうらづけられた勤労と倹約の精神は、さらに功利主義的精神と、それをのりこえるところの「報徳」の精神とによって統一されていった。尊徳は社会は互いの「推譲」によって成り立っているとともに、それはつまるところ「我が富貴を維持せんがためなれど……」と述べて、社会が功利主義的動機によって成り立っていることを認めると同時に、勤労（物をつくるということ）は一人ではできず、天理または天地からの恩なくしてはつくることは不可能だとしたのであった。

このように尊徳の思想の中には功利主義的なものと利他的な倫理、儒学的な「徳」と仏教的な「恩」とが入りこむことによって、これらの対立的概念を統一しようとする独自の倫理、哲学思想をかたちづくっていった。

尊徳はまた、商業活動においても「欲に随《したが》いて家業を励み、欲を制して、義務を思うべきなり」と述べているように、相対立するものを二つならべながらも、そのいずれにも善悪をつけることなく、二つの性質がそのままあることこそが「自然」であり、「天理」からみた場合の「善悪なし」なのであった。それゆえ、これら二つのものは均衡し、融合するときに「全きもの」、「十全なるもの」となるのであった。

一三　近代化への諸条件と福沢諭吉

これまで、ウェーバーの近代化への諸条件を中心に日本の場合をみてきた。たとえば、合理化の問題に関しては、日本独特の仏教、最も多くの門徒をかかえているともいわれる浄土真宗のうちに、「信仰」をもとにした「召命」ともいえるものの存在があったということ。すなわち「信仰」による信頼と勤勉、節約などのもとに、生産、交換、消費という営みがあり、それらをとおして近代化のときまでに資本主義の精神ともいえるエートスをつくり上げていたということである。

本来、東洋における「経済」は「経世済民」より生じたものであり、それは人民を救う政治を意味し、上からの道徳的意味を多分に含んだものであった。「経」とは経倫のことであり、「済」とは済度、人の苦しみを救い、事を成就させるという社会倫理的な意味をもっている。有徳者が統治を行う際の模範を示したものである。「経」については『易経』、『中庸』、『詩経』に、「済」については『易経』、『書経』に多くをおっている。民を救い、そのための事を成就させることが「済」であり、そのための経倫（経綸）が「経」で、営むこと（経営）であった。

近世の経済倫理は生産または労働の価値を重んずるところから始まっており、キリスト教においても修道院での「祈りと労働」の重視という、世俗外での禁欲生活における手段としての労働から、宗教改革後は世俗内における職業、労働は神の「召命」とされ、労働が生活における目的となってきた。

このことによって、労働に高い価値を認めるようになると同時に、こうした世俗内での禁欲生活を実現するためのものが生産における「勤勉」であり、消費における「倹約」であって、この二つの徳によってこそ資本の蓄積が可能だとされたのである。そしてここにさらに流通面の倫理であるところの「正直」が加わることによって、資本主義の倫理は確立されることになった。

日本においては、先にみた福沢諭吉や田口卯吉らが資本主義の道徳、倫理をとり入れたのであるが、それらを支える「勤勉」・「倹約」・「正直」という近代資本主義の根本的エートスは、すでに日本においてはそなわっていたというところに、他の非西洋諸国と日本との違いがあり、そこに日本の近代化の適合性とその特徴とを見い出すことができるのである。

福沢諭吉はこうした近代化への諸条件を深層的にはすでにはらんでいた日本社会において、さらに業績による社会的流動性（門閥によらない）の上昇を求めた。そして西欧諸国を見すえた上で、日本をみ、その独立を守るために国民的自立を求め『学問のすゝめ』を著した。したがって諭吉にとってはそのための方法はどうでもよく、プラグマティックに目的を達成しようとしたのであった。

中津で一九歳までをすごした諭吉は、門閥制度のうちにも、社会的流動性の余地を充分はらんでいた江戸や大坂とは違い、がっちりとした門閥制度に貫かれていた中津は諭吉自身身にしみていると同時に、「親の敵でござる」といわせたほどの恨みをもっていた。それらの打破を求めるとともに、何回にもわたって外国へ行った諭吉が目にした世界の状況は戦慄に値するほどのものであった。

日本に目を移してみたとき、そのあまりに弱小な姿は、まるで赤子のようであり、諭吉を愕然とさせたのである。それが国民に世界の状況を知ってもらい、その状況下で日本はどうしなければならないのかについて考えてほしかったものである。諭吉にとってのそれは文明開化であり、そのためには手段は選ばなかった。目的のためであれば、国民が文明開化の方向に向かっていくのならば、それはいずれの方法でもよかった。儒学に対しても文明開化のさまたげになるような腐儒に対しては大いに批判をしているのであるが、父親のような正真正銘の儒者に対しては、国民的人格の涵養のためには大いに認めるところであった。

おわりに

福沢諭吉の資料（著作物）はあまりに膨大であり、諭吉はあまりにも有名である。研究書の数もかぞえ切れない。しかしここでは「中津留別の書」を手がかりに諭吉の原風景ともいえるものにせまってみた。なぜなら、中津に関してはすさまじいばかりの執念と、怨念ともいえるほどのものをもってせまってくるからである。留別とは故郷を去るにあたり、あとに残る人に別れを告げることであるが、『自伝』によれば、「唾して」出たはずの中津にその後もどり、少年時代「上士」であった小幡兄弟を自分の下に引き取り、市学校をたてた。それらはひとえに門閥制度に抗するためのリベンジのようにもみえた。

そして学問によって、またはそこ（学校）に入るか否かによって、門閥制度をいかに払拭しているかの踏み絵としているかのようにもうつる。そこで出されたのが『学問のすゝめ』初編であったが、ここでは学問（知識）によって、門閥制度の前近代性（陳腐さ）に目ざめさせようとした。一緒に書いたのが上士であった小幡篤次郎である。

さらに、維新後一〇年もたって「旧藩情」が書かれた。そこには、この後の資料として、歴史的な事実として役に立つようにとことわり書きがつけられているが、旧藩時代（中津）の門閥制度の弊害がことこまかに記されている。やはりそれが諭吉の原風景であり、その後のエネルギーでもあった。

諭吉の父百助は、伊藤仁斎の長子、東涯に私淑しており、東涯の実証的、考証的な学風に強く惹かれていたという。東涯は、和漢の文物制度、法制史上の研究に多くの名著を残しているが、諭吉の父百助も、その方面に大きな関心をもっていた。それは、諭吉の名前の「諭」は清朝の詔令集『上諭條例』（詔勅や勅令、政令などを年度順に配列したもの）からとった名前で、この本は百助が「多年所望して居た」ものであった。その本が手に入った日の夜諭吉が生まれたので、この名前をつけたという。

しかし、この時代、この書に関心をもち「全部六七十冊ばかりの唐本を買取」ということは大変なことであった。諭吉の父は「下士」であったことからすると、この書に目をつけたこと自体も、当時の漢学の風潮からすると驚きであるが、家計への負担を考えるとさらに相当なものであっただろう。しかしそれが帆足萬里に学び、伊藤東涯に私淑した父百助の学風であり、関心の中心であったといえる。諭吉は『自伝』でも、「父は、亀井学派が大のお気に入り」と書いているが、亀井南冥・昭陽の父子も、こうした法制・経済・社会の問題に関心を示す学風をもっていた。諭吉の父百助も、諭吉が「真実正銘の儒者であった」といっているように、経学を充分に修めていた上に、さらに、社会科学的な方面にも大きな関心を寄せていた。それは、百助の詩からも充分読み取れる。

百助自身は生前、何も残すことなく早くして世を去った。それを門閥制度として、「敵《かたき》」とも思った諭吉ではあったが、父と同じく、その青年期を漢学に費やした。しかし、父が望んで果たせなかった「社会」への目は、時代の変革とともに、諭吉の手をとおして達成された。父百助は、時代の一歩手前を生きたけれど、

おわりに

諭吉の時代になり、その足音は近くにやってきた。それを必至にたぐりよせ、啓蒙思想とともに、文明開化に導いたのは諭吉であったが、諭吉の偉大なる業績は、その背後に父百助あってのものであったといえる。もちろんそこには「父親」を伝え続けた母も、基礎力としての儒学も、そして徳川からの遺産もあった。すべては諭吉の糧となり、近代化達成へのエネルギーとなった。ここにあらためて、諭吉の原風景を思うとともに、徳川からの遺産の大きさにも目を向けることができた。

なお、出版にあたっては、時潮社社長の相良景行氏、編集部の加藤賀津子さんに大変お世話になったことを心より御礼申し上げる。

そして、これまで協力し、支えてきてくれた亡き夫、谷口寛作に感謝の真《まこと》を捧げたい。

平成二三年一〇月

谷口典子

註

一 「人誰か故郷を思わざらん」

(1)「中津留別の書」『福沢諭吉全集』第二十巻　岩波書店、一九六三年　p.53
(2) 前掲書　p.53
(3) 前掲書　p.53
(4)「福翁自伝」『福沢諭吉全集』第七巻　岩波書店、一九五九年　p.11
(5) 前掲書　p.22
(6) 前掲書　p.9
(7)「学問のすゝめ」『福沢諭吉全集』第三巻　岩波書店、一九五九年　p.29
(8) 前掲書　p.29
(9)「文明論之概略」『福沢諭吉全集』第四巻　岩波書店、一九五九年　p.209
(10)「学問のすゝめ」『福沢諭吉全集』第三巻　岩波書店、一九五九年　p.43
(11)「通俗国権論二編緒言」『福沢諭吉全集』第四巻　岩波書店、一九五九年　p.649
(12)「文明論之概略緒言」『福沢諭吉全集』第四巻　岩波書店、一九五九年　p.3
(13) 前掲書　p.163
(14) 前掲書　p.163
(15)「福沢文集二編巻一」『福沢諭吉全集』第四巻　岩波書店、一九五九年　p.495
(16) 前掲書　p.495
(17)「時事新報論集一」『福沢諭吉全集』第八巻　岩波書店、一九六〇年　p.663

(18) 前掲書　p.663

(19)「儒教主義」『福沢諭吉全集』第九巻　岩波書店、一九六〇年　p.272

(20) 前掲書　pp.273～274

(21) 前掲書　p.275

(22) 前掲書　p.275

(23)「徳教之説」『福沢諭吉全集』第九巻　岩波書店、一九六〇年　p.278

(24) 前掲書　p.278

(25) 前掲書　p.280

(26) 前掲書　p.281

(27)「時事新報論集」『福沢諭吉全集』第十六　岩波書店、一九六一年　p.276

(28) 前掲書　p.277

(29) 前掲書　p.277

(30) 前掲書　p.277

(31) 前掲書　p.278

(32) 前掲書　p.281

(33)「中津留別の書」『福沢諭吉全集』第二十巻　岩波書店、一九六三年　p.49

(34) 前掲書　p.11

(35) 前掲書　p.14

(36) 前掲書　p.15

（37）前掲書　p.15
（38）前掲書　p.15
（39）「旧藩情」『福沢諭吉全集』第七巻　岩波書店、一九五九年　p.265
（40）前掲書　p.266
（41）前掲書　pp.266～267
（42）前掲書　p.267
（43）前掲書　p.268
（44）前掲書　p.270
（45）前掲書　p.271
（46）前掲書　p.272
（47）前掲書　p.263
（48）前掲書　p.278
（49）前掲書　p.279
（50）前掲書　p.276
（51）前掲書　p.278
（52）前掲書　p.279
（53）前掲書　p.279
（54）前掲書　p.279
（55）前掲書　p.280

二　原風景としての中津と家族

（1）「福翁自伝」『福沢諭吉全集』第七巻　岩波書店、一九五九年　p.260
（2）前掲書　p.668
（3）「学問のすゝめ」『福沢諭吉全集』第三巻　岩波書店、一九五九年　p.43
（4）「論語」『新釈漢文体系』第一巻　明治書院、一九六〇年　p.240
（5）前掲書　p.167
（6）前掲書　p.141
（7）前掲書　p.359
（8）前掲書　p.378
（9）「福翁自伝」『福沢諭吉全集』第七巻　岩波書店、一九五九年　p.17
（10）前掲書　p.17
（11）前掲書　p.18
（12）前掲書　pp.18〜19
（13）前掲書　p.19
（14）「宗教の必要なるを論ず」『福沢諭吉全集』第十九巻　岩波書店、一九六二年　p.587
（15）「宗教の説」『福沢諭吉全集』第二十巻　岩波書店、一九六三年　pp.230〜232
（16）「時事新報」『福沢諭吉全集』第一十巻　岩波書店、一九六〇年　p.52
（17）前掲書　p.52
（18）前掲書　p.52

(19)「宗教は経世の要具なり」『福沢諭吉全集』第十六巻　岩波書店、一九六一年　p.58
(20)「福翁自伝」『福沢諭吉全集』第七巻　岩波書店、一九五九年　p.8
(21)前掲書　p.9
(22)前掲書　p.12
(23)前掲書　p.8
(24)前掲書　p.9
(25)前掲書　p.9
(26)梅渓昇『洪庵・適塾の研究』思文閣出版、一九九三年　p.214
(27)前掲書　pp.217〜218
(28)「杲育堂詩稿」、「霑芳閣文章稿」今日では百助の学風を知るものは他にはないが、ここに残された詩および蔵書の中でも特に大切にしていたという書物の傾向からわずかに知ることができる。それは法令に係わる社会科学的なものから『易経』のような変化に係わる自然科学的なものまでにわたっている。
(29)漢詩「秋夜天如水　秋江水似天　飄々舟一葦　砕月入無邊」「巧言令色亦是禮　温良恭倹如人侮何」「一點寒鐘聲遠傳　半輪殘月影尚鮮　草鞋竹策拂秋曉　歩自三光渡古川」他多数
(30)「窮理図解」『福沢諭吉全集』第二巻　岩波書店、一九五九年　p.235
(31)「窮理全書譯稿」『福沢諭吉全集』第七巻　岩波書店、一九五九年　pp.623〜624
(32)「大学」『新釈漢文体系』第二巻　明治書院、一九六七年　p.125
(33)前掲書　p.118
(34)前掲書　p.119

(35)「福翁百話」『福沢諭吉全集』第六巻　岩波書店、一九五九年　p.219
(36) 前掲書　p.220
(37) 前掲書　p.219
(38)「論語」『新釈漢文体系』第一巻　明治書院、一九六〇年　p.393
同じものが『論語』陽貨第十七に「四時行はれ、百物生ず」とある。
(39)「福翁百話」『福沢諭吉全集』第六巻　岩波書店、一九五九年　pp.226〜227
(40) 前掲書　p.229
(41)「学問のすゝめ」『福沢諭吉全集』第三巻　岩波書店、一九五九年　p.43
(42)「福翁自伝」『福沢諭吉全集』第七巻　岩波書店、一九五九年　p.11
(43) 前掲書　p.8
(44) 前掲書　p.10
(45) 前掲書　p.11
(46) 前掲書　p.11
(47) 前掲書　p.20
(48) 前掲書　p.20
(49) 前掲書　p.22
(50) 前掲書　p.39
(51)「中津留別の書」『福沢諭吉全集』第二十巻　岩波書店、一九六三年　p.50
(52)「大学」『新釈漢文体系』第二巻　明治書院、一九六七年　p.118

(53)「中津留別の書」『福沢諭吉全集』第二十巻　岩波書店、一九六三年　p.50

(54)前掲書　p.50

三　諭吉と『学問のすゝめ』

(1)「荘子」『新釈漢文大系』第七巻　明治書院、一九八六年　p.249

(2)「適々豈唯風月耳　渺茫塵世自天真　世情休説不如意　無意人乃如意人」、大阪大学付属図書館蔵

(3)「福翁自伝」『福沢諭吉全集』第七巻　岩波書店、一九五九年　p.8

(4)「中津留別の書」『福沢諭吉全集』第二十巻　岩波書店、一九六三年　p.50

(5)前掲書　p.49

(6)「文明論之概略」『福沢諭吉全集』第四巻　岩波書店、一九五九年　pp.209〜210

(7)「宗教の説」『福沢諭吉全集』第二十巻　岩波書店、　p.232

(8)「福翁自伝」『福沢諭吉全集』第七巻　岩波書店、一九五九年　p.260

(9)「文明論之概略」『福沢諭吉全集』第四巻　岩波書店、一九五九年　p.209

(10)「学問のすゝめ」『福沢諭吉全集』第三巻　岩波書店、一九五九年　p.43

(11)前掲書　p.31

(12)「文明論之概略」『福沢論吉全集』第四巻　岩波書店、一九五九年　p.38

(13)「福翁自伝」『福沢諭吉全集』第七巻　岩波書店、一九五九年　p.11

(14)『論語講義』二松学舎大学出版部編、明徳出版社、一九九四年　p.13

(15)前掲書　p.13

(16)「大学」『中国古典選』第四巻　朝日新聞社、一九六七年　p.188
(17)前掲書　p.40
(18)「中庸」前掲書　p.283
(19)「孟子」『中国古典文学大系』第三巻　平凡社、一九八六年　pp.122〜123
(20)「論語」前掲書　p.19
(21)「大学」『中国古典選』第四巻　朝日新聞社、一九六七年　p.188
(22)「論語」『中国古典文学大系』第三巻　平凡社、一九八六年　p.36
(23)"Heaven helps those who help themselves" ここにおけるHeavenは最初Godとされていた。
(24)「学問のすゝめ」『福沢諭吉全集』第三巻　岩波書店、一九五九年　p.49

四　江戸から明治へ

(1)丸山眞男『日本政治思想史研究』東京大学出版会、一九五二年「あとがき」p.7
(2)M.Weber "Die protestantische Ethik und der Geist des Kapitalismus" 一九〇四年　梶山力・大塚久男訳『プロテスタンティズムの倫理と資本主義の精神』(上・下)　岩波文庫
(3)「沼山対話」『日本思想体系』55　岩波書店、一九七一年　p.509
(4)前掲書　p.514
(5)『益軒全集』巻之一　益軒会、一九一〇年　p.120
(6)「五常訓」『日本思想大系』三四　岩波書店、一九七四年　pp.118〜119
(7)「ハルマ出版に関する藩主宛上書」嘉永二年　『日本思想体系』55　岩波書店、一九七一年　p.283

註

（8）「時論を痛論したる幕府への上書稿」信濃教育会編『増訂　象山全集』巻二　信濃毎日新聞社、一九三四年　p.181

（9）「町人考見録」『日本思想体系』五九　岩波書店、一九七五年　p.176

（10）前掲書　p.232

（11）「舟中規約」『日本思想体系』二八　岩波書店、一九七五年　p.89

（12）「町人考見録」『日本思想体系』五九　岩波書店、一九七五年　p.232

（13）「万民徳用」書中の（「職人日用」）鈴木鉄心校編『鈴木正三道人全集』山喜房仏書林、一九六二年　p.70

（14）前掲書（「商人日用」）　p.71

（15）「倹約斉家論」『日本思想体系』四二　岩波書店、一九七六年　p.27

（16）石川謙『石田梅巌と「都鄙問答」』岩波書店、一九九三年　p.169

（17）前掲書　p.158

（18）前掲書　p.159

（19）前掲書　p.135

（20）前掲書　p.135

（21）「二宮翁夜話」『日本思想体系』五二　岩波書店、一九七六年　p.124

（22）『二宮尊徳新撰集』六巻、二宮尊徳翁全集刊行会　大阪博文館、一九三八年

（23）「二宮翁夜話」『日本思想体系』五二　岩波書店、一九七六年　p.233

（24）前掲書　p.233

（25）前掲書　p.233

(26) 前掲書　p.233

(27)「福翁百話」『福沢諭吉全集』第六巻　岩波書店、一九五九年　p.291

(28) 前掲書　p.292

(29)「福翁自伝」『福沢諭吉全集』第七巻　岩波書店、一九五九年　p.260

(30)「文明論之概略」『福沢諭吉全集』第四巻　岩波書店、一九五九年　p.163

(31) 前掲書　p.159

(32) 久米邦武『米欧回覧実記』(一)　岩波文庫、一九七七年　p.336

(33) 前掲書（三）　p.31

(34) 前掲書（三）　p.32

(35) 前掲書（三）　p.34

(36) 前掲書（四）　p.53

(37) 前掲書（五）　p.55

(38) 前掲書（五）　p.58

(39)『日本思想大系』四三　岩波書店、一九七三年　p.615

(40) 前掲書　p.146

(41) 前掲書　p.214

(42)『象山全集』巻一、象山浄稿序　p.51

「宇宙の実理は二つなし。斯の理の在る所は天地も此に異なること能はず。……近来西洋発明する所の許多の学術は、要するに皆実理にして、以て吾が聖学を資くるに足る」

（43）『日本思想大系』四四　岩波書店、一九七〇年　p.247

経典を墨守する学問的態度を批判して、学問の実用準を重んじた。また、何事も「理」に合わせて考えぬくことを強調した。経済政策では藩営商業論を説き、商業蔑視の考え方を否定した。

（44）藩医の子として青少年期に朱子学、荻生徂徠を学んだ後、洋学への必要性を感じ、日本の近代化に役立てようとした。

（45）『日本思想大系』四三　岩波書店、一九七三年　p.216

（46）西田直二郎『日本文化史序説』講談社、一九七八年　p.120

（47）Max Weber, “Die protestantische Ethik und der Geist des Kapitalismus”, 1904～5.

梶山力・大塚久雄訳『プロテスタンティズムの倫理と資本主義の精神』（上・下）岩波文庫、一九六二年

（48）林羅山は「夫れ儒は実、仏は虚、今苦し虚と実とに於て誰れか虚を取って実を捨てんや」『羅山文集』と述べ、現世的、現実主義を強調した。それと倫理性とがプロテスタンティズムがもつところの合理性（合理化）へと導く素地となった。

五　明治の近代化と社会的流動性

（1）たとえばこれまで言われてきたところのアジアNIESにあたる国または地域は韓国、台湾、香港、シンガポールといわれているが、韓国、台湾、香港はもちろんのこと、シンガポールにおいても中国系住民が80％近くを占めており、文化的には儒教文化の国だといえる。

（2）M.Weberは西欧において、特にプロテスタンティズムの倫理のもとでの社会に近代資本主義が成立した理由として、これらのものが充分そなえられていたからであるとしている。

(3) M.Weberは近代資本主義の成立と「官僚制」との問題を強調し、近代資本主義にとって官僚制は必須なものとしている。

(4) 各藩は自ら藩札をもって、市（いち）を盛んにし、藩の財政を賄い得るだけの独自の産業をもち、そのための産業振興と特産品の開拓にも努力した。また米の増産のための技術、改良にも力を入れた。

(5) 江戸時代、幕府は昌平黌をつくり、各藩においては藩校をもち、それぞれ中央と地方とにおける指導層の教育をするとともに、各地には三〇〇〇近い寺小屋があり、一般庶民および農民の子弟の教育をした。「読み、書き、算盤」は最低の教育とされたため、識字率は非常に高かった。

(6) 福沢諭吉や田口卯吉らによって海外の思想、知識が多く紹介され、諭吉はその著『文明論之概略』において物質的、制度的な成果だけでなく、文明をつくり出す「精神」に対しても深い関心をもってそれを摂取するとともに、その伝達に努めた。

(7) 福沢諭吉はその著『学問のすゝめ』においてわかりやすく身分制の打破を説くとともに、平等のもとでのフェアーな競争を求めた。

(8) 福沢諭吉は近代資本主義のもつ市場主義社会を形成するには「平等」および「社会的流動性」が必要であるとし、そのための「機会の平等」、「学問による社会的流動性（業績主義）」を強く求めた。こうした結果の平等ではない、参入の自由（機会の均等）が能力や努力を要求し、またそれらによって欲求の達成が可能だとしたのである。

(9) 西村茂樹もその著『日本道徳論』において日本人の道徳は世教（現世を説く教え）によって保たれるべきであり、そこで足りないものを西洋の学に求めればよいと述べている。

(10) 政府、民間をとわず、指導者階層の大部分が維新前後に外遊または留学を経験しており（伊藤博文、井上馨、勝海舟、寺島宗則、五代友厚、渋沢栄一、福沢諭吉)、政府をあげての岩倉使節団、奨学金制度による公費留学生も多く、明治六年には二五〇人以上が留学をした。それらの中には幼少の津田梅子他何人かの女子も含まれていたが、いずれも帰国後大きな役割をはたした。

(11)これはアダム・スミスの経済思想の原点とも通じるものをもっている。

(12)「通俗国権論」『福沢諭吉全集』第四巻　岩波書店、一九五九年

(13)会社企業の内部における従業員間の協調、地域別の商工業者による同業組合の形成、下請制度における親方職工と子分労働者間での個人的忠誠などは、競争を通じて高度な社会的流動性を確保しつつも、ある人間が一定の人間関係のなかにおちつくと、それぞれの局面において競争が抑えられ、調和が重視されるようになった。

(14)朝鮮においても支配者層である両班は、その家督を継ぐものが三代にわたって「科挙」に落ちた場合は、その家は両班としての地位をとり上げられた。したがってこれに受かることは長男たる者の使命であり、そのためのエネルギーは一家にとっても相当なものであった。

(15)「孝」とは亡き祖先を追慕し、祭ること、生きて親に尽くすこと、祖先以来の生命を伝える子孫を残すことであり、祖先という過去、親という現在、子孫という未来にわたって生命が連続することを求める生命論であるといえる。そしてここで「孝の終り」ということは、自ら世の役に立ち、名をあげることによって、その親の名を知らしめ、その名を高らかに世に伝えることをいうのである。

(16)『礼記』大学篇のはじめに「修身斉家治国平天下」とある。個人の修養による道徳的向上が、ただちに社会の道徳的向上をもたらすと理解された。

(17)『大学』の経一章の中にある八条目の究極に位置するもので、「知を致すは物に格《いた》るに在り」という為学修養に関する命題。

(17)「ハルマ出版に関する藩主宛上書」嘉永二年『日本思想体系』55 岩波書店、一九七一年 p.283

(18) 朝鮮においては李退渓(一五〇一年〜一五七〇年)によって朱子学は心の学問として深化されていき、「理」「気」を切実な心の問題としてとらえ「性理学」が展開されていった。

(19) 石田梅岩『都鄙問答』

(20) 儒学は節約という道徳の徹底を図っている。たとえば『孝経』に説く「庶民の孝」とは「身を謹み用を節し、以て父母を養う」ことであるが、こうした節約の道徳は儒教文化圏に浸透しており、現在でも儒教文化圏においては、節約はすぐれた人格の現れとして理解されている。したがって単なる成金は別として、成功者であればあるほど、いわゆる贅沢をしない。贅沢をすることは、むしろ人々に軽蔑されることであった。

六 ウェーバーによる近代化テーゼと諭吉

(1) Max Weber, “Die protestantische Ethik und der Geist des Kapitalismus”, 1904〜5. 梶山力・大塚久雄訳『プロテスタンティズムの倫理と資本主義の精神』(上・下) 岩波文庫、一九六二年

(2) Max Weber, Gesammelte Aufsätze zur Religionssoziologie, 大塚久雄・生松敬三訳『宗教社会学論選』みすず書房、一九七二年

(3) Karmanといい、行為は必ずその結果をもたらし、現在の事態は必ずそれを生む行為を過去にもっているとされる。またSamsaraは生あるものが死後、迷いの世界である三界、六道をくり返し、生き死にしていくことで、これは永遠にくり返されるものであった。これらより、ヒンズー教においては前世で犯した悪に対する罰を今生で受けているとし、この法則には神さえも干渉できず、はてしない流転をくり返し、自動的に人間の運命を決めるものだとされた。このようにヒンズー教は哲学とも宗教とも定義づけることのできない、巨大で複

雑な社会宗教的有機体だといえ、現世にさからわず、現状維持をとおしてカーストを肯定させる倫理思想となった。

（4）キリスト教では、人がこの世で苦しんでいるのは、人がアダムスにおいて罪を犯したからであり、全人類は罪人であるとするところから出発し、人間の苦しみは「おのが罪」ゆえであるとする。したがって神にそむいて（自由を乱用して）悪を選んだことによる原罪は、人己の力によっては逃れられず、唯一の道は神の恵みによることとであった。

（5）己に克つことにより、人間が本来もっているところの、他に対するいたわりのある心をみがき、いつくしみ、思いやりの心を育てようとするもので、己に克つこと（「自制」の観念）、人格を完成させることによってこそ他人や社会との関係を全うでき、社会構成の一員としての責務をはたすことができるとした。「自制」を重くみるところからは当然「節約」や「倹約」は美徳となっていった。

（6）『論語』「直躬の話」で正直とは父が羊を盗んだ事実を証言することではなく、子は父のためにその罪を隠すことだとし、現在でも親のためのうそは偽証罪とはならない。孔子の遺徳は君臣（外＝公）と父子（内＝私）に対して求められているが、中国においてはまず「内＝私」を治めることが優先された。これは日本の場合と逆で、日本においては「外＝公」の道徳のほうが優先された。

（7）日本は儒教を導入した六世紀、治国思想として受け入れたため、忠（共同体・イエ）への傾きが強く、民族宗教である神道（共同体の宗教）とも融合しやすかった。中国、朝鮮は本来共同体的宗教をもたない上に、儒教は個人と個人との関係における道徳であるために、集団的なものは求められてはおらず、本来、個人主義的なものであった。

（8）『新約聖書』「マタイによる福音書」第十章三七節

(9) 現世中心主義は儒教だけでなく、仏教、神道(道教)においても同じであり、仏教における盆は死者を一番すばらしい現世に迎え入れ、家族とともにすごすことであり、神道における祭りも、死後救済の思想をもたないため、救いを「この世」に求めている。他界に行った霊魂は常にこの世の方を指向し、この世のものから迎えられ、祭りを受けることを喜びとしているととらえられている。

(10) 孔子は最高の徳を「仁」におき、あるべき人の姿としたが、そうした徳を修めるためには正しい環境が必要であり、そのもとでは人は善人になるとした。孟子はこれをうけ、人間の本性は善であるとした上で、悪は環境によるものだとした。孟子は「天」は万物を生み、万物の内には天が内在し、天の性は善であるというところから、天を内在する万物、人間も、その内に善性を宿しているとした。このような性善説は儒教の人間理解の基本であった。

(11)『論語』為政第二

(12) 東洋には万物の主宰者、造物主、創造者の存在はなく、万物はそれぞれに存在の根拠をもち、他者の介入、支配を受けないとしている。その万物に固有の根拠が「道」であり、人間には「人」としてのあるべき道(人道、人倫)があるとしている。また「天」は万物の総称であり、その万物に固有の根拠が「天道」であった。

(13)『論語』先進第十一、述而第七、公治長第五

(14) これは江戸時代の豪商、三井高房の言葉「一日も仁義をはなれては人にあらず、然りとて算用なしに慈悲を施す、愚かなり。仁義を守り軍師の士卒を遣るが如く、商ひに利あるよう心得べし」(『町人考見録』)にもあるように、倫理性または価値合理性とともに、経済性または目的合理性を強く有した思想であった。それは価値合理性が優位となりやすい中国、朝鮮とのきわだった違いでもあった。

(15)『鈴木正三道人全集』鈴木鉄心校編 山喜房仏書林、一九六二年

(16) 中国・朝鮮においては血縁が最優先され、クラン的要素が大変強い(血のつながらないものは一切家族に入れず、妻も別姓、養子も夫側の親族からのみ迎える)のに対して、日本ではある目的のため、それが最も合理的であるとされた場合においては赤の他人であっても合理的選別のもと、イエに迎え入れる。これは商家において「のれん」を守るためには、最も能力のある番当を娘のムコとし、能力の劣る息子を廃しても養子縁組をさせ、イエ(のれん)の存続と繁栄を優先させた。それは「のれん」を守る使命観、職業への使命観とともに、そこに入った者に対してはまったく差別をせず、平等にあつかったということである。こうした共同体内における評価は業績を中心に合理的に行われた。これに対して朝鮮には「孝」にもとづく同性不婚の原則があり、子がいないときでも原則同姓(一族)の養子を取る。朝鮮においては家を徹底的に〈血族の集団〉としてとらえており、また、長幼の序、夫婦、親子関係にも大変厳しい秩序をもってきた。また、宗族の制度、それは祖先を共有し、その祭礼を行う男系の一族のことであるが、この理念・制度は周初にできた宗法組織であり、嫡庶制に基づく父子継承および高祖より玄孫までの五世の族員の父子兄弟の親疏関係を明らかにしようとしたものであった。全宗族員を統括する大宗、大宗から嫡庶制によって生ずるところの支脈を五世ごとにまとめ、大宗に帰属した四つの小宗をつくっている。これは基本的には儒教における最高の徳目である「孝」より生じたものであった。

(17)『法然上人伝全集』井川定慶博士編　p.399

(18) 前掲書　p.399

(19) 中井家家法「中氏制度」には「人生は勤むるにあり、勤めれば則ち匱せず、勤むるは利の本なり、能く勤めておのずから得るは真の利也」とあり、勤勉こそが利益の根源であるとし、日常生活における奢侈的欲望の抑制(倹約)を求めた。

（20）『無量寿経』においては法蔵という名の比丘が世自在王仏を師として四十八の誓願をたて、はてしない修行の後、悟りを開き、西方浄土の阿弥陀如来となったと説いている。法然は『選択本願念仏集』を著し、法蔵菩薩は往生のために念仏一行を選んで念仏往生の願を立てたとして、本願他力による念仏往生を強調した。

（21）浄土三部経は阿弥陀仏の救済思想を中心とした三つの経典で『無量寿経』、『阿弥陀経』、『観無量寿経』のことをいうが、親鸞は『無量寿経』（極楽往生を願う人たちにその道を説いたもの）を最要の典拠とし、往生の正因は「唯信」にあると述べている。

（22）『唯信鈔文意』（即得往生とは信心をうればすなわち往生するということ）

（23）「一切万行万善皆自弥陀一法開山」『観経琉大意』安井広度、田村芳朗『仏教論集』春秋社、一九九一年

（24）「人生は勤むるに在り、……よく勤めておのずから得るは真の利也」とある。こうした儒教的倫理観を示すものも現存する近江商人の家敷の内には数多くみられる。伊藤家の床の間の軸には『論語』の「人の一生は重き荷を負て……」がかけられている。

（25）現存する松居家の社訓として掲げられているが『星久二百二十五年小史』にも示されている。

（26）『法然上人伝全集』井川定慶博士編　p.399

（27）唐代盛期の禅僧で、六祖、大鑑禅師。その言行は『六祖壇経』に記されている。

（28）宋総代中期の禅僧で、その著『正法眼蔵』は道元の同名の書の祖本になった。

（29）百丈山を創して盛期の禅の中心となした。インド仏教の戒律で禁じられていた生産労働を肯定、「普請」とよんだ。

（30）『鈴木正三道人全集』　p.70

（31）『歎異抄』第一章

(32)『鈴木正三道人全集』（「万民徳用」） p.61

(33) 前掲書（「農民日用」） p.69

(34) 前掲書（「商人日用」） p.71

(35) 前掲書（「商人日用」） p.71

(36) 一七三九年に書かれたもので四巻よりなる。第一巻においては儒学に言う「性」を知るに至る経緯が述べられ、士農工商それぞれが「性」を知ることの重要性を述べている。第二巻では四民それぞれは等しい価値をもっていることと、無限定的な営利追求をいましめ、商人の活動が正当であるためには、如何なる取引関係や商品に関しても、それぞれが天から本来的に与えられているものと違わぬようにしなければならないことを強調している。第三巻では儒学用語を多用して原理的な議論を行い、神道や仏教他を学ぶべきことも述べられている。第四巻では世上の問題がとりあげられており、ここに教化運動に用いられた「道語」の原型がある。

(37)「都鄙問答」『石田梅岩全集』上・下　柴田實編　石門心学会、一九五六年

(38)「……天命ニ合フテ福ヲ得ベシ。……且御法ヲ守リ我身ヲ敬（ツツシ）ムベシ。商人トイフトモ聖人ノ道ヲ不知バ。同金銀ヲ設ケナガラ不義ノ金銀ヲ設ケ。子孫ノ絶ユル理ニ至ルベシ。……」『都鄙問答』

(39) A・Smith, "The Theory of moral Sentiments"『道徳感情論』水田洋訳、筑摩書房、一九七三年　第二部 p.135

(40)「都鄙問答」『石田梅岩全集』上・下　柴田實編　石門心学会、一九五六年

(41)『懐徳堂内事記』によると「一、学問は忠孝を尽し職業を勤むる等之上に有之事にて候、講釈も唯右之趣を説すゝむる義に候へば、書物不持人も聴聞くるしかるまじく候事。但不叶用事出来候はゞ、講釈半にも退出可有之候。一、武家方は可為上座事。但講釈始り候後出席候はゞ、其の差別有之まじく候」とある。

(42)「二宮翁夜話」『二宮尊徳全集』吉地昌一、福村書店、一九五七年

著者略歴

谷口　典子（たにぐち・のりこ）

早稲田大学文学部卒業。

早稲田大学経済学研究科特別研修生修了。

経済学博士。日本ペンクラブ会員。

現在　東日本国際大学教授。儒学文化研究所所長。

著書　『東アジアの経済と文化』　成文堂

『異文化社会の理解と検証』　時潮社

『歴史としての近代』　八千代出版（共著）

『知性の社会と経済』　時潮社（共著）

他

福沢諭吉の原風景

——父と母・儒学と中津

2010年11月30日　第1版第1刷　定　価＝2800円＋税

著　者　谷　口　典　子　Ⓒ

発行人　相　良　景　行

発行所　㈲　時　潮　社

174-0063　東京都板橋区前野町 4-62-15

電　話　(03) 5915-9046

FAX　(03) 5970-4030

郵便振替　00190-7-741179　時潮社

URL　http://www.jichosha.jp

E-mail　kikaku@jichosha.jp

印刷・相良整版印刷　製本・仲佐製本

乱丁本・落丁本はお取り替えします。

ISBN978-4-7888-0655-9